L'AME RAISONNABLE

EST-ELLE

L'UNIQUE FORME SUBSTANTIELLE

DU

CORPS HUMAIN?

PAR

L'ABBÉ EUGÈNE AGLON

Docteur en Philosophie

Professeur au Grand Séminaire de Versailles

VERSAILLES

HENRY LEBON, IMPRIMEUR-ÉDITEUR DE L'ÉVÊCHÉ

36, RUE SATORY, 36

1904

L'AME RAISONNABLE

EST-ELLE

L'UNIQUE FORME SUBSTANTIELLE

DU

CORPS HUMAIN?

PAR

L'Abbé Eugène AGLON

Docteur en Philosophie

Professeur au Grand Séminaire de Versailles

VERSAILLES

HENRY LEBON, IMPRIMEUR-ÉDITEUR DE L'ÉVÊCHÉ

36, RUE SATORY, 36

—

1904

À Monsieur l'Abbé DEFFAUX,

Ancien Curé de Saint-Cloud

HOMMAGE

d'affection et de reconnaissance

de son ancien Vicaire.

L'âme raisonnable est-elle l'unique forme substantielle du corps humain ?

~~~~~~~~~~~~~~

CHAPITRE PREMIER.

Théorie générale de la Matière et de la Forme.

Telle est la question que nous nous proposons d'étudier, sinon de résoudre, dans cette thèse exclusivement péripatéticienne. Mais comme une question, pour être bien comprise, doit être posée avec la plus grande précision, il importe avant tout de s'entendre sur les termes employés. Tous ces termes relèvent de la philosophie d'Aristote. Sans doute, il ne s'agit pas ici d'expliquer à fond la théorie de la matière et de la forme ; cela pourrait être l'objet d'un travail spécial. Mais il faut cependant dire ce qui est nécessaire à l'intelligence de la question, puisqu'il s'agit d'en exposer un cas particulier. Nous n'insisterons pas outre mesure sur le point de savoir s'il y a des formes substantielles, mais étant donnée la nature de la forme substantielle, l'âme raisonnable remplit-elle ce rôle à l'égard du corps humain ?

Qu'est-ce donc qu'une forme substantielle ?

Aristote nous répond et saint Thomas avec lui : « C'est l'acte premier de la matière — c'est le principe par lequel une chose est ce qu'elle est et se distingue de tout autre. »

La matière est passive ; c'est cette chose indéterminée, inconcevable par l'imagination, qui n'a ni quantité, ni qualité, ni être, mais qui aura tout cela dès qu'elle sera unie à un principe actif qui l'informera et qui, de cette partie d'être, pour ainsi parler, fera l'être complet ; que cet être, par la suite, subisse des modifications dans sa quantité, sa figure : il y aura des changements, des formes accidentelles, comme dit l'Ecole, mais ce sont là des actes seconds toujours suspendus à l'être corporel, c'est-à-dire à l'acte premier qui le constitue dans une essence déterminée.

Les formes substantielles sont l'acte premier de la matière, parce que cette théorie n'est applicable qu'aux choses corporelles. Les êtres spirituels, en effet, sont des actes sans matière. Les expériences ne manquent pas qui viennent appuyer cette manière de voir de la philosophie antique. La matière première que nous concevons uniquement par l'abstraction demeure toujours la même et toujours apte à prendre toutes les formes, c'est-à-dire à devenir n'importe quel être corporel. Dans tout corps, nous trouverons donc quelque chose qui ne change pas, c'est la matière, et quelque chose qui change, c'est la forme, et nous jugerons des transformations substantielles d'après les changements constatés. Nous dirons qu'il y a un nouveau corps là où il y a de nouvelles propriétés. Il demeure entendu, d'ailleurs, qu'il y a propriétés et propriétés, que les unes ne nous révèlent que des modifications accidentelles, et nous ne nous en occupons pas ; que les autres accusent plus que des variations de surface, et nous en faisons le critère de l'apparition, ou mieux, de la génération d'un nouvel être corporel.

A moins d'aller contre toute évidence, on ne saurait prétendre que les propriétés de l'eau ne diffèrent pas des propriétés de l'oxygène et de l'hydrogène. Mais, par contre, j'avouerai qu'entre la glace et l'eau, le charbon et le diamant, il n'y a qu'une modification purement accidentelle. C'est un fait que les transformations substantielles ne sont pas toujours aisément saisissables ; mais, en conclure qu'elles n'existent pas, est au moins téméraire. Les nier serait tout simplement tuer la science qui en vit, et rendre inintelligible le langage qui les suppose.

De l'union des deux principes résulte donc l'être corporel, la substance corporelle complète. Mais la forme l'emporte de beaucoup sur la matière, parce que l'activité est supérieure à l'inertie, l'acte à la puissance. C'est bien elle qui constitue l'être tel qu'il est et le fait se différencier de tout autre ; elle en est l'essence, et si on l'appelle *forme*, c'est plus pour la rapprocher de l'archétype qu'elle reproduit dans la matière et qui est la vraie forme, éternelle, immuable et immatérielle des choses, que pour la comparer avec les individus aux contours définis qu'elle actue. On pourra d'ailleurs, si on veut, au mot forme substituer celui de force, peu nous importe si la réalité qu'il exprime est identique. Et quelle est la nature de cette réalité ?

Notre esprit va du plus connu au moins connu ; des effets il remonte aux causes, et lorsqu'il s'agit de la connaissance des choses immatérielles, il sait mieux ce qu'elles ne sont pas que ce qu'elles sont, et savoir cela, dit saint Thomas, « c'est aussi en déterminer l'essence. »

Or, que voyons-nous ? Des actions, ou mieux, des actuations. Toute action suppose un agent. Mais cet agent, qui se retrouve partout, puisque tous les corps agissent, n'est pas perceptible par les sens. Il est simple. La simplicité et, par conséquent, l'immatérialité est donc le caractère des formes substantielles. Qu'on ne s'y méprenne pas, d'ailleurs, lorsque saint Thomas parle des formes matérielles, il veut, tout simplement, désigner ces principes actifs qui n'ont de raison d'être que dans la matière et ne peuvent exercer leurs opérations que concrétés en elles. Ces formes sont opposées aux formes spirituelles, appelées parfois simplement immatérielles et qui ont des conditions d'existence et d'opération hors de la matière.

Cette activité de la matière, qui est passée aujourd'hui à l'état de dogme scientifique, domine toute la philosophie d'Aristote (1), et, volontiers, on pourrait dire que toutes les substances corporelles ont des âmes, depuis le minéral jusqu'à l'homme, si l'on ne réservait pas ce beau mot aux êtres vivants. C'est pour avoir confondu ces deux termes, agir et vivre, que des savants ont pu écrire des traités sur la *Vie de la Matière*.

C'est vrai qu'il y a une force insaisissable, mais réelle, qui fait que tout minéral se cristallise de telle façon et non pas de telle autre ; c'est vrai qu'il y a une force qui maintient et détermine l'atome d'oxygène et l'empêche de se confondre avec tout autre. C'est vrai que l'homme utilise cette activité parce qu'il la connaît, parce qu'il en étudie les affinités et les tendances. Mais il n'est pas moins vrai que cette activité n'est pas la vie et que la

---

(1) M. Dastre ne paraît pas s'en douter lorsque, dans son livre: *La vie et la mort*, il accorde à saint Thomas, p. 240, ce qu'il refuse à Aristote, p. 247.

Aristote, *De Gen. Animal*, lib. III, cap. xɪ, 762, 12.

nutrition des cristaux dans leurs eaux mères ne ressemble que de fort loin à l'assimilation vitale chez les plantes et les animaux. D'une part, en effet, pure action mécanique dirigée par une force invisible et qui tend à reconstituer les arêtes du cristal et à le rétablir ou même à multiplier les molécules de la même substance ; mais encore faut-il, et c'est ici un point capital, que la solution soit de même nature et mise à portée, pour ainsi dire, de l'activité cristallisatrice. Jamais vous ne nourrirez des cristaux de glycérine dans une solution d'alun, tandis que la forme substantielle ou l'activité vitale fait plus, et, Aristote l'avait déjà noté, elle transforme pour s'assimiler ; l'être vivant ne fait pas devenir lui-même ce qui est déjà lui-même sous une autre forme, comme dans la cristallisation ; il fait devenir lui-même ce qui n'est pas lui-même. Et qui ne voit qu'ici l'activité s'élève à un degré qui la sépare à jamais de l'activité des êtres inanimés ? Comparaison n'est pas raison. Il est permis d'établir des analogies, mais il est défendu de s'en servir pour confondre des choses bien distinctes. Tout ce qui vit agit, mais tout ce qui agit ne vit pas. Et c'est ici qu'apparaît la supériorité des forces vitales. Mais puisqu'il nous faudra revenir sur ce sujet, il est plus utile présentement de préciser davantage la nature et le mode d'action de la forme substantielle.

Si nous la considérons dans l'élément simple dont saint Thomas a donné une complète définition, nous comprenons que la forme substantielle, comme son nom l'indique, et sans qu'on puisse nous accuser de jouer sur les mots, forme une substance, et cela est vrai dans toute la rigueur des termes, puisque, sans elle, sans son actuation, l'être corporel déterminé n'existe pas.

Mais dans la nature, il n'y a pas que des éléments simples, si toutefois ceux que nous appelons de ce nom, dont nous fixons le nombre à soixante-seize, ne sont pas en réalité des composés plus difficiles à dissocier (1). Il y a donc aussi des composés et, tout d'abord, des composés chimiques. Chacun sait qu'ils résultent des combinaisons multiples des corps simples. Les combinaisons sont soumises à des lois rigoureuses que nous n'avons pas à rappeler ici et qui utilisent les propriétés ou les affinités des corps simples. La chimie, donnant sur ce point raison à la théorie philosophique, distingue fort bien les mélanges des combinaisons. Dans un mélange, on a une juxtaposition d'éléments différents, chacun conservant sa propre nature et ses qualités particulières, sans produire, à proprement parler, un nouveau corps, puisque chaque élément demeure avec sa vraie forme et ce qui en découle. Dans la combinaison, au contraire, on a une substance nouvelle dans laquelle on chercherait vainement les propriétés des composants; ici, plus de juxtaposition, mais transformation véritable. La question se pose alors de savoir ce que sont devenus les composants. Quant à leur élément matériel, la loi des poids nous révèle qu'il est identiquement le même (2). Mais que

(1) Cette opinion tend de plus en plus à prévaloir, et, sur ce sujet, on peut lire les intéressants travaux parus dans la *Revue scientifique* sous la signature de William Crookes, 22 août 1903. — De Gustave Le Bon, 17, 24, 31 oct. 1903.

(2) Il est juste de dire que cette assertion, qui est la base de la chimie de Lavoisier, est aujourd'hui mise en doute. — M. Gustave Le Bon, *Revue scientifique* du 31 octobre 1903, écrit : « Nous sommes fondés à dire, contrairement au principe de Lavoisier, que : on ne retrouve pas dans une combinaison chimique le poids total des corps employés pour produire cette combinaison. » — D'après Lodge (*Physical Society*, séance du 3 juin 1903), la radio-

devient leur principe formel? C'est d'abord M. Berthelot qui va nous répondre. Après avoir fait l'analyse et la synthèse du chlorure de sodium, il dit : « Il est donc démon- « tré que le composé se trouvait réellement en puissance « avec toutes ses qualités dans les corps composants, mis « en évidence par l'analyse (1). » Rapprochez ce texte de celui de saint Thomas (2) : *Formæ elementorum manent in mixto non actu sed virtute* », l'accord n'est-il pas absolu? (3) Remarquons simplement que si saint Thomas affirme que les composants se trouvent en puissance dans le composé, M. Berthelot dit avec non moins de raison que le composé se trouve en puissance dans les composants ; ce qui veut dire, à n'en pas douter, que chacun d'eux a virtuellement une aptitude à devenir ce composé qu'il ne deviendrait jamais sans cela. C'est la *privatio* des

---

activité de la matière expliquerait cette déperdition. — Et M. Lucien Poincaré (*Revue des Sciences*, janvier 1903, p. 96) écrit : « A l'aide d'une balance de haute précision, MM. Landolt et Heydweiler ont effectué de nombreuses pesées sur les corps divers avant et après que se sont effectuées les réactions chimiques auxquelles ces corps ont donné naissance ; ces deux physiciens, très exercés et très prudents, n'ont pas craint d'énoncer ce résultat sensationnel que, dans certaines circonstances, le poids n'est plus le même avant qu'après la réaction. En particulier, le poids d'une dissolution de sulfate de cuivre dans de l'eau ne serait pas la somme exacte des poids du sel et de l'eau. »

(1) *Synthèse chimique*, p. 7, 8ᵉ édit.
(2) Iᵃ q. 76, art. 4, ad 4.
(3) Dastre (*La vie et la mort*, liv. II, cap. I, p. 65) dit aussi :
« Il existe un lien entre l'état antérieur et l'état suivant, c'est-à-dire entre la forme nouvelle qui apparaît et la forme précédente qui disparaît. La science de l'énergie montre que quelque chose a passé de la première condition à la seconde, mais en se couvrant d'un vêtement nouveau ; en un mot, qu'il subsiste dans le passage d'une condition à l'autre quelque chose d'actif et de permanent et que ce qui a changé, c'est seulement un aspect, une apparence. »
Voilà un aveu ; mais l'interprétation en est erronée. « Ce qui est ainsi constant, dit-il, c'est ce qu'on appelle l'énergie. »

scolastiques. Aristote (1) et saint Thomas emploient ces deux termes, *puissance* et *privation* pour désigner une même chose au fond. Seulement, tandis que la privation indique que l'être n'est pas ce qu'il pourrait être, la puissance marque mieux qu'il est capable de le devenir ; l'une révèle le côté négatif, l'autre le côté positif du phénomène de la transformation. Les composés sont en puissance dans le composant, et le composant est en puissance dans les composés, mais d'une manière bien différente. Tandis que, dans le composé, il a fallu une actuation ou force supérieure et hétérogène, pour leur faire produire, en les englobant, ce qu'ils étaient en puissance de produire ; il suffit de la disparition de cette force pour que les composants reprennent leur actuation propre.

Que résulte-t-il de ces considérations naturellement fort sommaires, mais pourtant indispensables? C'est que, dans tout composé il ne peut y avoir qu'une forme en acte et que les formes des composants, sans être anéanties, ne s'y rencontrent plus qu'à l'état de puissance. Cette forme substantielle est là comme une reine maintenant ses vassales sous sa domination, les employant à composer un corps qui ne sera plus à l'instant où les circonstances détruiront la synthèse. Et cet instant, semble-t-il, amènera la revanche des principes inférieurs sur les principes supérieurs ; chacun reprendra son activité propre, et sa contribution apportée à l'édifice total, pour en précipiter la désagrégation finale. Mais la nature et l'homme pourront aussi de nouveau les remettre sous le joug de la forme substantielle supérieure qu'ils sont aptes

(1) Aristote, *Phys.*, I, cap. viii, 191, 18.
— *Métaph.*, VIII, cap. 1, 175, 44.

à produire et de la sujétion de laquelle ils sont momen-
tanément privés.

De tout ce qui précède on peut conclure que, dans les
composés, les formes substantielles sont à la fois des
effets et des causes ; effets, en tant qu'elles supposent
des éléments préexistants de la combinaison desquels
elles éclosent comme la fleur de la tige ; causes, en tant
que maîtresses et dominatrices du nouveau corps. Elles
le conservent et éveillent en lui des propriétés qui le
désignent dans l'échelle des êtres, et font de son activité
la caractéristique de son essence. Aristote n'a pas dit
autre chose : « *Semper namque oportet præexistere mate-
riam et formam* (1). *Tertium vero (quod ex materià et
formà est) cujus solius generatio et corruptio est* (2). *Neque
materia fit, neque forma : dico autem extrema. Omne enim,
quod transmutatur, aliquid est et ab aliquo in aliquid
transmutatur* (3) ». Et saint Thomas : « *Dicendum quod
forma præexistit in materià imperfecte ; non quod aliqua
pars ejus sit ibi in actu et alia desit, sed quod tota præexistit in potentià et postmodum tota producitur in actu* (4). »

Et ailleurs : « *Formæ præexistit quidem in materià non
in actu sed in potentià solum, de quo in actum reducun-
tur per agens extrinsecum* (5). »

Les textes que nous pourrions citer sur ce sujet sont
innombrables ; mais si quelque chose peut suppléer à ce
que nous ne disons pas, c'est la certitude qu'en citant le
disciple, on a sur ce point la doctrine pure et entière du
maître. Aristote avait dit : « Πάντων δὴ πρῶται ἀρχαὶ τὸ ἐνεργείᾳ

---

(1) Aristote, *Metaph.*, VI, c. ix, 1034, 31.
(2) *Ibid.*; VII, c. 1, 161, 29.
(3) *Ibid.*, XI, c. iii, 1069, 17.
(4) Saint Thomas, *De Potentia*, q. 3, art. 8, 10.
(5) Saint Thomas, *De Veritate*, q. 11, art. 1.

πρῶτον τοδί, καὶ ἄλλο ὃ δυνάμει (1). » *Omnium itaque prima prin-*
cipia, quod actu primum hoc, et aliud, quod potentia. »
Ce qui veut dire que tout vient : 1° d'êtres en acte et
2° des puissances qui se trouvent dans ces êtres constitués, de leur aptitude, de leur privation στέρησις.

Voilà en quelques mots le résumé de ce que nous
disions plus haut en parlant des éléments actués qui sont
les causes des composés, mais qui ne peuvent être ces
causes que s'ils ont, en puissance, le pouvoir de s'unir
pour cela, et conséquemment de faire naître une nouvelle forme avec un nouvel être.

Ainsi avec la matière, la forme, la privation et un
moteur, Aristote produit le monde matériel. Supprimez
cela, dit-il, et tout disparaît, ὅτι ἀναιρεῖται ἀναιρουμένων (2).

C'est ce qu'a vu admirablement saint Thomas qui, après
avoir constaté en tout élément cette tendance ou privation,
en faisait la loi fondamentale de l'évolution des êtres.

Chaque chose, dit-il, tend à sa perfection, ou, ce qui
revient au même, à une fin. La matière première a besoin
d'une forme, et cette forme tend à devenir de plus en
plus parfaite. Il semble que, perpétuellement inquiète de
sa perfection, elle ne sache se contenter de ce qu'elle est
devenue. C'est une comparaison que le Philosophe n'admet pas pourtant, car il ajoute aussitôt : « Ce n'est pas
« cependant par dégoût de ce qu'elle a, mais parce que,
« quelle que soit sa forme, elle demeure en puissance
« pour en recevoir une autre. » *Non propter fastidium*
« *formæ quam habet sed quia sub quacumque forma sit,*
« *adhuc remanet in potentiâ ad aliam formam* (3) ». Et

---

(1) *Metaph.*, lib. XI, cap. v, 1071a. 18.
(2) Aristote, *Métaphysique*, lib. XI, cap. v, 1071a, 35.
(3) Saint Thomas, *Phys.*, lec. 14.

cette tendance passive lui est inhérente, lui est fatale comme la direction imprimée à la flèche par le Sagittaire (*Phys.*, lec. 14).

Pour le saint Docteur, le divin Sagittaire c'est Dieu, et quiconque a voulu effacer de ses conceptions ce suprême moteur a dû constater des faits inexplicables sans lui, et s'enfermer dans la nuit éternelle des négations passionnées et des doutes insolubles. « Le mystère du com- « mencement pour toutes choses est insoluble, dit Dar- « win, et je dois me contenter de demeurer agnos- « tique (1). »

Mais l'ordre du monde demeure, et ces faibles éléments dont nous parlait Aristote, ou plutôt ces ἀρχαὶ Πάντων qui, livrés à eux-mêmes sans cette appétition, n'auraient jamais constitué que des agrégats sans beauté, ces éléments ont constitué le composé chimique, et s'élevant toujours, toujours poussés par le Sagittaire, ils sont entrés dans le composé vivant, et plus haut encore jusque dans l'être animé, ils se sont retrouvés dans l'homme. Magnifique tableau où apparaissent dans une subordination incontestable les grands règnes de la nature. Que serait le végétal sans le minéral, et l'animal sans le végétal ? Et enfin l'homme ne bénéficie-t-il pas de ce que lui apportent les êtres inférieurs ? Tout a été fait pour lui puisqu'il résume tout, et lui pour Dieu.

« *Quanto igitur aliquis actus est posterior et magis per- fectus, tanto principalius in idipsum appetitus materiæ fertur. Nam materia prima est in potentia primum ad formam elementi ; sub forma vero elementi existens, est in potentiâ ad formam mixti ; sub forma mixti conside- rata, est in potentia ad animam vegetabilem ; itemque*

(1) Cité par D' Grasset, *Les limites de la biologie*, cap. IX, p. 161.

anima vegetabilis est in potentia ad sensitivam, sensitivá vero ad intellectivam... Ultimus igitur gradus totius gene- rationis est anima humana et in hunc tendit materia sicut in ultimam formam (1). »

Voilà bien l'évolution comme l'entendait saint Thomas, et qui consiste à dire que le minéral est la condition du végétal ; que pour sentir il faut vivre, et qu'enfin pour penser il faut sentir. C'est la loi ici-bas. Car, ainsi que nous le verrons, le saint Docteur n'a jamais voulu pré- tendre que l'âme intelligente fût une évolution de l'âme sensible ; ce serait mal interpréter ces mots : *sensitiva ad intellectivam* ou *vegetabilis ad sensitivam.* La vérité serait de traduire : la matière, en passant par les états ou formes intermédiaires d'élément simple ou de corps mixte, devient capable de recevoir d'autres formes plus parfaites qui sont : l'âme végétative, ensuite l'âme sensitive, enfin l'âme raisonnable, parce que la forme végétative prépare à la forme sensitive, et la forme sensitive à la forme intel- lectuelle. Cette forme est la dernière et la plus parfaite que la matière puisse recevoir, parce qu'il n'y a au-dessus que des substances séparées. Le grand Docteur, remar- quons-le, ne dit pas que l'âme sensitive, par exemple, est en puissance dans l'âme végétative, il dit seule- ment que la vie végétative, étant le substratum néces- saire de la vie sensitive, la nouvelle forme sensitive émanant du Créateur et informant la matière devra être nécessairement végétative, que la vie végétative est la disposition préalable à l'information sensitive : *anima vegetabilis est in potentia ad sensitivam.* Mais elle ne la produit pas. Ceci est d'une extrême importance.

(1) Saint Thomas, *Contra Gentiles*, lib. III, c. XXII.

CHAPITRE II.

La Vie Végétative.

S'il est vrai que la forme végétative, caractérisée par la nutrition, l'accroissement et la reproduction, élabore dans la matière et avec la matière les organes de la vie à son premier degré ; s'il est vrai encore que dans l'être sensible ces forces se retrouvent mais avec quelque chose de plus, la nature ne nous donne pas d'exemple du passage de l'une à l'autre. Nous ne contestons pas qu'à l'origine des choses Dieu ait pu d'un être vivant végétal, c'est-à-dire de l'être le mieux disposé, produire un animal. Quelques-uns même ont concédé qu'il aurait pu, pour la même raison, en créant l'âme humaine, l'appliquer à l'être déjà vivant et sensible pour l'élever plus haut et en faire un homme.

Mais nous maintenons et nous prouverons qu'aujourd'hui les combinaisons chimiques ne font pas la vie ; le végétal ne produit que le végétal, la bête n'engendre que la bête, et l'homme que l'homme. De la superbe progression dans l'échelle des êtres, on a conclu trop tôt à cette évolution possible au principe des choses, mais contraire aux faits subséquents. On n'a pas compris que chaque être forme un tout complet et déterminé, et que, par le fait qu'on utilise une chose, on n'a pas dû nécessairement être cette chose, pas plus que l'architecte qui se sert de la pierre et du bois n'a commencé par être pierre et bois. Les formes substantielles sont des architectes qui travaillent la matière, et qui, à l'exception de l'âme humaine, jaillissent même d'elle, si elles y sont en puissance, mais sans franchir les bornes assignées à leur activité. Que l'être qu'elles constituent soit utile et même nécessaire à une forme plus parfaite, c'est la loi; aussi est-il juste de dire que tant que cela n'est pas, elles demeurent en privation de cet emploi, ou autrement dit, disposées à le remplir. Mais, chose étrange! elles ne peuvent réaliser cette fin qu'en cessant d'être elles-mêmes, c'est-dire actives, pour retomber à l'état de puissance, état qui n'est cependant ni la possibilité ni le néant, puisque le possible n'implique qu'une aptitude à l'existence et que le néant n'est rien. L'être en puissance, au contraire, existe, mais incomplètement, comme le poulet dans le germe, l'arbre dans la graine.

Si dés formes substantielles des composés chimiques nous passons aux formes substantielles supérieures, nous rencontrons la vie et, par conséquent, l'âme proprement dite.

Aristote en donnait cette définition : « ἐντελέχεια ἡ πρώτη σώματος φυσικοῦ δυνάμει ζωὴν ἔχοντος (1). » C'est l'actuation primordiale d'un corps naturel ayant la vie en puissance.

L'entéléchie, ou perfection, est la même chose que l'actuation, car un être n'arrive à sa perfection qu'en tant qu'il passe de la puissance à l'acte. Or, ici cette actuation tomberait, selon les uns, sur un corps naturel qui avait la vie en puissance, mais n'en exerçait pas les opérations, δυνάμει ζωὴν ἔχοντος. Selon les autres, il y a une force nouvelle qui s'empare de cette matière, la rend vivante; sans aucun intermédiaire, elle agit sur elle

_____

(1) Arist., *De Anima*, L. II, 412ᵃ, 27-28. Rodier, p. 67.

immédiatement, ἐντελέχεια ἡ πρώτη; la forme substantielle
fait une nouvelle substance et ne modifie pas une substance déjà existante, cette opération étant le propre des
formes accidentelles.

C'est cette seconde explication que nous adoptons.
Car si ce corps, cet élément naturel, n'avait la vie à aucun
degré, il ne l'avait même pas en puissance, car la puissance c'est quelque chose de l'être, c'est l'être commencé
réellement et non plus seulement possible, et les combinaisons chimiques, si imparfaites qu'elles soient, si complexes qu'on les suppose, n'ont rien d'une vie en puissance. Il faut donc dire : L'âme vient informer ce qui
n'avait pas la vie et mettre cette perfection là où elle
n'était pas; elle est bien l'acte premier, la force, la perfection, qui n'est point une conséquence; mais qui est
un principe primitif, primordial, imposant d'un seul
coup une valeur nouvelle à un corps naturel, à des substances qui se trouvent dans la nature, pour les rendre
désormais capables des opérations vitales, δυνάμει ζωὴν
ἔχοντος. La vie est apparue. Le nouvel être a désormais
cette puissance, qui n'est plus une possibilité, de manifester les propriétés vitales. Il pourra les céler dans l'im-
mobilité apparente de la graine ou du germe, elles en
sortiront à leur heure et dans des conditions déterminées.
« ἔστι δὲ οὐ τὸ ἀποβεβληκὸς τὴν ψυχὴν τὸ δυνάμει ὂν ὥστε ζῆν, ἀλλὰ τὸ
ἔχον. τὸ δὲ σπέρμα καὶ ὁ καρπὸς τὸ δυνάμει τοιονδὶ σῶμα (1) ». « Et ce
n'est pas ce qui est privé de l'âme qui est en puissance,
capable de vivre, mais ce qui la possède : la semence
ou le fruit sont en puissance un tel corps. »

D'où vient cette âme? La question ne laisse pas que

(1) Arist., *De Anima*, II, c. 1, 412b, 25-27.

d'être complexe, même lorsqu'il s'agit du végétal. Mais on a pu voir déjà que nous établissons une différence entre ce que le Créateur a fait une première fois, et ce qu'aujourd'hui la nature produit. Une première fois on peut admettre que le Créateur ait fait passer par un acte propre une matière préparée à un état plus parfait, sans que le libre jeu des forces naturelles ait pu réaliser un pareil prodige. Mais quoi qu'il en soit, le prodige existe, la vie éclate à tous les regards sous toutes ses formes. Il ne s'agit pas tant d'en expliquer l'origine, qui sera toujours une hypothèse, que d'en étudier la transmission. Est-ce à dire que ce phénomène mystérieux puisse être entièrement éclairci? nous ne le pensons pas. C'est beaucoup de pouvoir en étudier les conditions. Et la philosophie, d'accord en cela avec les sciences biologiques, ne fait pas autre chose. Tout vivant vient d'un vivant, c'est incontestable. Et il est non moins incontestable que la force vitale n'a jamais pu être saisie, ni mesurée, et que les grands mots de mouvements mécaniques, de combinaisons chimiques, d'analyse et de synthèse ne sont que des voiles jetés sur notre ignorance en ce sujet.

Mais ceux qui ont voulu être sincères n'ont pas hésité à dire : ou qu'il ne fallait pas s'occuper de la question, ou qu'elle était insoluble. Ils ont réservé leurs labeurs et leurs expériences à l'étude des conditions et des phénomènes propres de la vie. Et cantonnés dans ce champ immense, ils ont apporté et ils apportent, chaque jour, au philosophe des données qui permettent de s'élever, au moyen des choses connues et tangibles, vers les invisibles réalités.

Car il faut s'occuper de la question. Et de même qu'il

ne suffit pas de fermer les yeux pour nier l'existence de
la lumière, il ne suffit pas de déclarer la métaphysique
morte pour la supprimer des aspirations de l'esprit
humain. C'est l'inconnaissable. Soit ! Mais nous sommes
tellement enveloppés par l'inconnaissable qu'il semble
être la loi et le connaissable l'exception ; raison de
plus pour tenter de soulever quelques voiles.

La question est-elle d'ailleurs aussi insoluble qu'on le
prétend ? Une hypothèse qui explique tous les faits, qui est
en harmonie parfaite avec ce que l'on sait par des expériences répétées, une hypothèse de cette nature ne doit
s'appeler qu'une conclusion scientifique légitime, à moins
de ne plus compter pour rien l'intelligence humaine. Voici
une plante qui vit, se nourrit, s'accroît, se reproduit, je
trouve en elle cette triple manifestation d'une activité qui
n'a rien de commun avec l'activité des minéraux, sinon une
analogie très superficielle, nous l'avons vu. Je demande
s'il y a là un nouvel être ; nul jusqu'ici n'a pu le réaliser au
moyen des combinaisons chimiques les plus savantes. Nul
ne le réalisera jamais ; c'est la conclusion que je tire et
elle est juste après tant d'expériences. Qui le déclare ?
C'est la science elle-même. « En proclamant ainsi notre
impuissance absolue dans la production des matières organiques, deux choses avaient été confondues : la formation de substances chimiques dont l'assemblage constitue
les êtres organisés et la formation des organes eux-mêmes.
Ce dernier problème n'est point du domaine de la chimie.
Jamais le chimiste ne prétendra former dans son laboratoire une feuille, un fruit, un muscle, un organe. Ce sont
là des opérations qui relèvent de la physiologie ; c'est à
elle qu'il appartient d'en discuter les termes (1) ».

1) Berthelot, *Synthèse chimique*, II, cap. III, p. 271.

L'illustre, chimiste a ici, en effet, délimité deux domaines. Le texte cité ne comporte qu'une seule observation. Si c'est pour expliquer la vie qu'il nous renvoie à la physiologie, la physiologie ne nous en dira pas plus que lui. S'il a voulu dire simplement que cette science « nous dévoilerait les lois du développement des êtres vivants tout entiers », rien de plus vrai, ou du moins de plus désirable. Mais la cause de ces lois, comme la cause de ces organes, relève, quoi qu'il en dise, de la métaphysique. Chimistes et physiologistes, au sens d'Aristote, sont des physiciens. La philosophie première suppose leurs travaux, travaille sur leurs données, en un mot commence là où ils finissent (μετὰ τὰ φυσικά). Parce que les explications sont aussi nécessaires à la vie intellectuelle de l'homme que l'air à sa vie organique. Si toute explication causale, au sens de quelques-uns, est complètement inutile, à moins qu'elle ne soit palpable, on ne fait que reculer le problème en perpétuant la nuit. Car c'est à peine si l'homme donne le nom de science à ce qu'il touche et voit, tandis qu'on ne se refuse pas à appeler savants ceux qui cherchent précisément ce qu'on ne connaît pas. Et malgré tout, qu'il s'agisse de sciences naturelles ou de sciences philosophiques, l'inconnu est encore l'objet de la poursuite de tous. Il n'est pas jusqu'aux mathématiques qui n'y trouvent leur raison d'être. La moindre équation n'est-elle pas une marche vers ce qu'on ignore, Je sais bien qu'on distinguera entre l'inconnu et l'inconnaissable. Mais il est facile de prouver que ceux mêmes qui ont posé la limite, en se défendant d'être le moins du monde métaphysiciens, ont résolu un problème dont la philosophie cherchera longtemps la solution. Et, philosophes sans le savoir, ils ont plus mal philosophé que d'autres ; voilà tout.

M. Berthelot nous dit que de son laboratoire ne sortira jamais ni une feuille, ni un fruit, et cependant tous les jours ces feuilles et ces fruits sortent du grand laboratoire de la nature.

Quelle est la force qui préside à cette élaboration ? Les forces chimiques ne l'expliquent pas. L'analyse révèle bien dans ce composé la présence de matières minérales, mais la synthèse est incapable de le réaliser de nouveau ; car il y a plus dans la synthèse que dans l'analyse. Que dis-je ? elle reproduira les matières organiques qui s'y trouvent, que le vivant a lui-même produites par son activité ; mais la vie ne reparaitra pas. Loin de contester à la chimie organique le droit « d'étudier les méthodes par lesquelles on peut réaliser la formation des principes immédiats sans le concours de forces particulières à la nature vivante », nous proclamons « que les affinités chimiques, la chaleur, la lumière, « l'électricité suffisent pour déterminer les éléments à « s'assembler en composés organiques. Or, nous dispo- « sons de ces forces à notre gré, suivant des lois régulières « et connues ; entre nos mains elles donnent lieu à des « combinaisons infinies par leur nombre et par leur « variété. Voilà comment nous reproduisons, dès à « présent, une multitude de principes naturels et « comment nous avons l'espoir légitime de reproduire « également les autres (1). »

C'est entendu, M. Berthelot peut fabriquer dans son laboratoire de l'alcool, de l'urée, de l'acide acétique, du

(1) M. Berthelot, *Synt. chim.*, p. 271, livre II, c. III.

suc gastrique et beaucoup d'autres composés organiques qui ne se trouvent même pas dans la nature. Nous lui demanderons seulement pourquoi, si sa présence est nécessaire dans la production de synthèses admirables pour guider avec ordre et mesure les éléments et les énergies qui sont à sa disposition ; nous lui demanderons pourquoi il ne serait pas nécessaire qu'une force, aussi patiente et active que lui, opérât dans la nature pour en faire autant. Le hasard, outre qu'il n'est pas scientifique, n'expliquerait rien ici, ou bien, au service d'impulsions tellement déterminées et constantes, son intervention reculerait le problème. Ce que le chimiste fait dans son laboratoire, la plante le produit dans ses feuilles ou ses fruits. Elle aussi fait des synthèses perpétuelles, et chacun des éléments qu'elle absorbe cesse d'être lui-même pour devenir elle-même, perdant ainsi ses propriétés pour les consacrer à l'édification d'un tout harmonieux et vivant. Et cette force marque ainsi de son empreinte tout ce qui dépend d'elle, jusqu'au jour où, vaincue par l'usure, les traumatismes, ou l'inclémence des hommes et des choses, elle rendra la liberté à tout ce qui s'enchaînait à son être. Et la ruine commencera à l'heure précise où chaque élément, réussissant à redevenir lui-même, reprendra son activité propre, pour passer de la puissance à l'acte, au lieu de rester absorbé dans l'être qui n'est déjà plus. C'est l'analyse naturelle, celle qui n'a besoin ni des laboratoires, ni des savants. Aristote disait : *Generatio unius est corruptio alterius.* La mort du composé, c'est la vie des composants, et, réciproquement, la mort des composants, c'est la vie du composé.

Voilà le fait. Et ce n'est point s'aventurer que de prétendre qu'il a une cause et que cette cause, pour n'être pas tangible, n'en est pas moins réelle comme son effet. La forme substantielle de la plante renferme toutes les perfections des formes minérales, plus la vie ; et c'est elle qui donne la vie à ce qui ne l'avait pas en l'élevant, en le transformant en un nouvel être, Ἐντελέχεια ἡ πρώτη σώματος φυσικοῦ ζωὴν ἔχοντος, capable d'exercer désormais de nouvelles fonctions et d'élaborer lui seul, en se servant des éléments et des activités qui l'entourent, ce que l'intelligence humaine a tant de mal à utiliser à côté, avec les mêmes concours. Cette force est donc directrice ; le champ de son activité est immense, mais il est limité, et vainement on tentera de lui demander ce qu'elle ne peut donner. Car, dit Claude Bernard, « c'est par métaphore « que les savants se disent les maîtres de la nature ; ils « savent parfaitement bien qu'ils ne font qu'obéir à ses « lois (1). » Le mystère de la génération demeure enveloppé de ténèbres ; mais, au moins, est-il possible d'en étudier les conditions et de tirer quelques conclusions de cette étude ? Ce qui est certain, c'est que la vie seule engendre la vie, et que les combinaisons chimiques ne rendent pas raison du phénomène.

(1) Claude Bernard, *Science expér.*, *Le Curare*, p. 315, 3e édit.

CHAPITRE III.

Ce qu'on entend par formes tirées de la puissance de la matière.

Nous avons vu que la matière n'est rien ou presque rien sans la forme, et que les formes, à leur tour, du moins les formes dites substantielles, ont besoin de la matière pour exister et pour agir. Elles sont tirées, dit l'Ecole, de la puissance de la matière : *Educuntur e potentia materiæ.*

C'est ce que nous allons expliquer.

Nous avons vu qu'Aristote construit le monde avec ces quatre choses : la matière, la forme, la privation et un agent ou moteur : ὕλη, εἶδος, στέρησις, κίνουν.

L'élément en acte est le principe, ἀρχὴ πάντων, parce qu'en même temps qu'il est tel être bien actué, il a une tendance à entrer dans un autre, mais encore faut-il qu'il ait une affinité spéciale avec lui pour produire un nouveau corps ; l'oxygène et l'hydrogène produiront de l'eau, mais point de l'acide sulfurique. Il fallait au nouveau corps une matière disposée à le produire. Il ne pouvait pas résulter d'une combinaison quelconque. Et c'est pourquoi on a conclu justement que sa forme était en puissance dans les composants, et que ceux-ci étaient privés de cette forme, tant qu'elle n'était pas réalisée. Quant à l'agent, condition de la combinaison, il a été non moins nécessaire, et la nature en possède d'innombrables, et toujours proportionnés au travail à accomplir.

Quand le Créateur a voulu élever le composé à la dignité d'organisme vivant, il a dû prendre le plus parfait, le mieux disposé à cet emploi. Je dis le Créateur, car si nous constatons que, étant donnés les éléments, le simple jeu des forces naturelles peut produire toutes sortes de composés, sans intervention supérieure, nous ne voyons pas qu'il ait suffi à réaliser la vie. Et comme dans l'analyse des organes du vivant on retrouve les éléments chimiques, il faut conclure justement que les formes vitales ont toutes les perfections des formes inférieures qu'elles supposent, plus la vie.

Mais la vie étant apparue, on peut des nouveaux êtres dire ce qu'on disait des éléments chimiques, ils sont, eux aussi, ἀρχὴ πάντων.

« La chimie », dit Claude Bernard, « connaît aujour-
« d'hui (1864) soixante-dix corps simples environ, dont
« seize seulement entrent dans la composition de l'orga-
« nisme vivant le plus compliqué qui est celui de
« l'homme, mais *ce n'est point en leur qualité de corps*
« *chimiquement simples que ces substances viennent agir*
« *ainsi;* elles se sont préalablement combinées et grou-
« pées sous l'*influence de la force vitale* pour constituer
« les parties les plus ténues de notre organisme. Ces
« particules, bien que complexes chimiquement, sont
« élémentaires au point de vue physiologique, en ce
« sens qu'elles sont douées de propriétés vitales simples
« et définies qui ne persistent pas après la division ou
« l'altération de l'élément. Telle est, en quelques mots,
« l'idée qu'on doit se faire des parties microscopiques
« de notre corps auxquelles il convient de donner le
« nom d'*éléments anatomiques*, ou, peut-être mieux,
« celui d'*organismes élémentaires*. En effet, les éléments

« anatomiques sont de véritables organismes élémen-
« taires qui, par leur réunion et leurs groupements, sont
« ensuite appelés à constituer un organisme total, d'au-
« tant plus complexe et d'autant plus élevé dans l'orga-
« nisation que la variété physiologique de ses éléments
« se montre plus grande (1). »

Ces nouveaux êtres, doués d'une activité spéciale,
substances vivantes, perpétueront dans des générations
nouvelles ce qu'ils ont reçu. Et ce qu'ils ont reçu, c'est
le pouvoir de se nourrir, c'est-à-dire de transformer des
substances hétérogènes en eux-mêmes et, par là, de
s'accroître et de se reproduire. Voilà ce que fait la force
vitale, et, ce faisant, elle dispose, elle rend aptes à recevoir la vie ce qui en était incapable par nature. Des gaz
de l'air, des minéraux de la terre, la force végétative fait
une cellule, des branches, des feuilles, des fleurs et,
finalement, organise un germe qui, à une occasion donnée, la reproduira dans un autre sujet. Et par elle nous
aurons un être disposé à passer de la puissance à l'acte,
une nouvelle plante en puissance, enfermée dans une
matière spéciale d'où elle jaillira sous l'influence d'agents
déterminés.

« Animale ou végétale », dit M. Armand Gautier,
« toute cellule possède trois aptitudes : elle *assimile*,
« *croît et se reproduit.* Elle assimile, c'est-à-dire qu'elle
« se nourrit de principes apportés par la sève ou le sang,
« principes généralement différents de ceux qui la cons-
« tituent, mais que la cellule sait associer de façon à
« reproduire les édifices chimiques spécifiques dont sont
« formés ses protoplasmas. Elle croît, c'est-à-dire qu'elle

(1) Claude Bernard, *Science expér.*, *Le Curare*, p. 267.

« passe de l'état jeune à l'état adulte, en grandissant et
« traversant les phases qu'avait traversées avant elle la
« cellule d'où elle provient. Elle se reproduit, c'est-à-
« dire qu'arrivée à l'état parfait, elle forme l'embryon
« d'une nouvelle cellule qui se développera et s'accroîtra
« suivant la loi suivie antérieurement par la cellule-
« mère,..... La matière vivante a la faculté toute spéciale
« de se nourrir, non comme on le croit généralement,
« en choisissant dans le milieu nutritif qui la baigne une
« série de matériaux préformés semblables à ceux qui
« composent ses plasmas, mais bien en attirant des
« substances autres que celles qui la constituent, subs-
« tances que chaque cellule associe ensuite entre elles,
« ou qu'elle rend semblables aux matériaux dont elle est
« déjà construite (1). »

Ici, nous retrouvons la matière, la forme, le moteur et
la privation. Mais matière et forme sont plus parfaites.
Il suffit de remarquer que, la vie posée, Dieu n'intervient
pas plus dans chaque génération végétale que dans les
combinaisons chimiques. *Formæ educuntur e potentiâ
materiæ*. Et chacun voit comment, dans tout ce que nous
venons de dire, s'explique admirablement cet adage :
Corruptio unius est generatio alterius, et *vice versa*. Et
lorsqu'il s'agit des vivants, Aristote et saint Thomas
prennent bien soin de faire remarquer que le mot génération doit être pris désormais dans son sens strict. Car,
si le feu produit le feu, c'est-à-dire suscite dans un corps
une propriété qui y reposait en puissance, la plante, qui
reproduit la plante, opère tout autrement, puisqu'elle
façonne le germe d'où jaillira la vie, sous l'influence de

---

(1) *Revue générale des Sciences*, 30 juin 1902, article intitulé : *La
Vie*, p. 558.

conditions spéciales. C'est pourquoi la faculté génératrice distincte de la génération, qui en est l'effet, a pu
être définie d'après saint Thomas : « La préparation dans
un être vivant, et par un être vivant d'un principe qui le
reproduira. ». — « *Generatio in rebus est totaliter ab*
« *extrinseco : sed generatio viventium est quodam altiori*
« *modo per aliquid ipsius viventis quod est semen, in qua*
« *est aliquid principium corporis formativum. Et ideo*
« *oportet esse aliquam potentiam rei viventis per quam*
« *semen hujusmodi præparetur et hæc est vis genera-*
« *tiva* (1). »

Les plantes mâles élaborent le pollen, les plantes
femelles, l'ovule. De l'union des deux principes résulte
la graine, source d'un nouvel être.

Nous passons sous silence les autres modes de reproduction ; c'est surtout celui-ci qui nous intéresse, parce
qu'il se retrouve, quant à la formule générale, dans les
animaux et dans l'homme.

(1) Saint Thomas, I pars, qu. 78, art. II.

CHAPITRE IV.

La forme animale est présente dès le premier instant; elle est sensitive et végétative.

D'ailleurs, l'ordre de notre sujet nous amène à parler des formes substantielles dans les êtres supérieurs. Nous avons dit plus haut que, de même que la vie ne résulte pas de combinaisons chimiques, la sensibilité n'est pas la conséquence d'une élaboration végétative si parfaite qu'elle soit. L'évolution n'a aucun fait pour appuyer cette doctrine et tout ce qu'on lui peut concéder, c'est que la vie étant le substratum nécessaire de la sensibilité, la cause créatrice de la forme animale a pu se servir des perfections amoncelées dans l'être simplement vivant pour l'élever à l'état sensitif.

Nous n'avons pas à nous demander non plus si, de l'humble protiste, l'animal s'est élevé, par des transformations successives, jusqu'aux espèces les plus parfaites. L'étude d'un tel problème ne tiendrait pas dans un si modeste cadre. D'ailleurs, les preuves manquent totalement. Et il faut, pour donner quelque poids à cette grande hypothèse, se reporter à la première apparition de l'animal sur la terre. Il aurait ainsi évolué une fois pour toutes laissant sur son chemin des types de la fixité desquels on ne peut cependant douter depuis des milliers d'années. Jamais les éponges, dont Aristote a déterminé la nature animale, n'ont été surprises en voie de devenir des oursins. M. Marey écrit :

« On sait quelles divergences existent dans la manière
« de concevoir l'infinie diversité de formes des êtres
« vivants. Je ne rappellerai pas les luttes mémorables
« entre ceux qui admettent la création d'espèces inva-
« riables dans leurs caractères et ceux qui croyaient à
« l'incessante création des êtres organisés, à leur con-
« tinuelle adaptation aux conditions nouvelles où ils
« sont placés. Ce débat n'a été jusqu'ici qu'une lutte
« d'opinions sans preuves décisives, et si le camp des
« transformistes apporte en faveur de sa doctrine un
« ensemble d'arguments de grande valeur, il n'a encore
« réussi qu'à rendre extrêmement probable la variation
« des êtres vivants, sans en fournir la preuve expéri-
« mentale... Si par le concours de l'anatomie et de la
« physiologie on veut fournir cette preuve, il faut mon-
« trer :

« 1° Que si l'on force un organe à fonctionner dans
« des conditions insolites, cet organe changera de forme
« pour se mettre en harmonie avec sa fonction nou-
« velle;

« 2° Que cette variation produite sur un individu
« pourra se transmettre à ses descendants (1). »

Voilà le problème posé par un partisan de l'évolution,
et aussitôt il s'est mis à l'œuvre. Il a démontré : « qu'en
« forçant certains organes à fonctionner dans des con-
« ditions insolites, ces organes pouvaient changer de
« forme pour se mettre en harmonie avec leur fonc-
« tion nouvelle. » Sur quels organes a-t-il expérimenté ?
Sur des organes d'une nécessité purement relative, mais
nullement sur des organes essentiels. Il a produit des

_____

(1) *Revue Scientifique* du 10 janvier 1903, p. 36.

modifications insignifiantes dont la vie de l'animal s'accommode, même parfois utilement, et que nombre d'accidents réalisent tous les jours. Mais j'ai bien peur que s'il poussait plus loin ses déformations il n'arrivât à produire des monstres ou à tuer le vivant. La nature ne fait rien en vain, dit Aristote, et « toutes les choses naturelles sont, en effet, en vue d'un but ou sont les déviations fortuites de ce qui est en vue d'un but. » « ἕνεκά του γὰρ πάντα ὑπάρχει τὰ φύσει, ἢ συμπτώματα ἔσται τῶν ἕνεκά του (1) ».

On risque donc, en contrariant la nature, de produire tout autre chose que des perfections, et ce n'est pas là, je pense, le but de la doctrine qui prêche le progrès indéfini.

Quant à la solution de la seconde question, « le temps seul peut apporter la preuve, car il faudra suivre durant de longues années les animaux en expérience. Il est difficile de douter du succès de ces tentatives. » (*Id loc.*) Nous n'en doutons pas en effet si on ne veut pas dépasser les modestes limites dont nous parlons plus haut. Mais nous doutons fort que les années remplacent la logique, si de quelques menus faits on prétend conclure à une théorie générale et vraiment scientifique.

Chaque animal ne reproduit que son semblable, et quelles que soient les influences d'ambiance, de milieu, de climat, de nourriture, sous les modifications accidentelles le type essentiel est demeuré et les descriptions d'Aristote, vieilles de vingt-trois siècles, en sont une preuve. Non seulement rien ne témoigne aujourd'hui pour l'évolution, mais tout s'élève contre elle. Car, si quelque chose pouvait être admis, ce serait plutôt l'évolution descendante. Loin de s'améliorer, les espèces se

---

(1) Aristote, *De Anima*, III, c. xii, 134ª, 30.

dégradent et disparaissent. Le robuste mastodonte et tous les géants dont on retrouve les squelettes, ont été éliminés de la face de la terre (1). Bientôt l'éléphant ne sera plus et l'on parlera du lion comme d'un être légendaire. Et voilà pourquoi l'évolution doit être, elle aussi, reportée à une époque légendaire. Période de croissance, de richesse dont nous ne recueillons que les vestiges. La nature animale a évolué, grandi, produit, s'est transformée sans compter. Et elle s'est arrêtée.

Pourquoi s'est-elle arrêtée?

Sans doute on ne peut nier la concurrence vitale, elle existe, c'est un fait; mais on doit lui refuser d'être une cause de progrès : l'expérience l'atteste, et en toute hypothèse, si parfois elle assure la survivance d'un individu, elle est incapable de créer pour lui et en lui des organes nouveaux. Si la concurrence vitale était la loi du progrès, pourquoi les plus forts seraient-ils à la merci des plus faibles? Pourquoi l'homme surtout, le plus intelligent de ce monde matériel, a-t-il plus à redouter du microbe que du tigre? La faiblesse même de ces infiniment petits n'est-elle pas la cause de la ruine des forts? Et ne semble-t-il pas que, dans cette lutte, que l'on suppose toute brutale, l'instinct des uns contrebalance la masse des autres; les chances sont égales. Il n'y a pas de loi, il n'y a que des faits très particuliers; succès aujourd'hui, revers demain. Je sais bien qu'on répondra : Ceux que vous prenez pour les plus faibles sont, en réalité, les plus forts, puisqu'ils

(1) Cf. *Revue scientifique*, 19 déc. 1903. Excellent article de M. Stanislas Meunier où la question est traitée au même point de vue et avec les mêmes conclusions. — Voir encore *Revue des Deux-Mondes*, 1er oct. 1904, un curieux article de M. Fouillée, intitulé : Les fausses conséquences du Darwinisme.

triomphent (1). Soit! alors l'avenir est au nombre, il est au microbe. Et comme le microbe est le plus souvent vainqueur, il aura raison de tout et périra lui-même après. Donc, pourrait-on dire, l'évolution est descendante, les espèces s'éteignent, ce sont les plus chétives qui subsistent.

A l'appui de ce que nous disons, invoquons l'affirmation de la science : M. Faye a magistralement démontré que le monde tend au repos, que le mouvement suit une marche descendante.

« Les astres n'ont pas toujours existé », dit-il, « ils « ont eu une période de formation ; ils auront pareille- « ment une période de déclin, suivie d'une extinction « finale (2). »

« Bien que la date de l'évanouissement de l'Univers, dit William Crokes, ne puisse être calculée, nous devons constater que le monde retourne lentement au brouillard informe du chaos primitif. Ce jour-là, l'horloge de l'éternité aura terminé un cycle. » (*Revue Scientifique*, 22 août 1903.)

De même, pensons-nous, la vie a eu ses heures d'expansion intense, aussi bien dans la série végétale que dans la série animale. La houille et les fossiles le prouvent. Elle s'éteint. Et si l'analogie était permise, on pourrait ajouter : de même que les mondes inanimés se résoudront en leurs éléments ou poussière cosmique, de même les êtres vivants finiront par des poussières vivantes ou microbes, dernières assises de la vie, qui disparaîtra ensuite elle-même.

(1) Voir Metchnikoff, *Étude sur la Nature humaine ; Du rôle des Macrophages*, IIIᵉ Partie, c. x, p. 312.

(2) Cité par Cl. Bernard, *La Science expérimentale*, p. 171.

Ainsi ne survivent que les individus les plus chétifs relativement. Ce n'était pas ainsi autrefois, assure-t-on, les milieux étant plus favorables. Le bel ordre vraiment que celui qui mène les êtres à un état de perfection tel qu'il rend leur vie impossible et leur disparition inévitable ! Parce que chaque être vivant résume en lui ceux qui lui sont inférieurs, en y ajoutant sa perfection propre et fait cette transformation magnifique d'éléments hétérogènes en homogènes ; parce que le Créateur, procédant ainsi du moins parfait au plus parfait, a voulu reproduire dans chaque type supérieur ce qu'il y a dans les inférieurs, il en résulte que les différences sont d'autant moins accentuées que les intermédiaires sont plus nombreux. Cette gradation savante et uniforme dans la continuité des êtres fait que chacun, synthétisant ses inférieurs, paraît être un instant celui-là avant de devenir lui-même. « Les diverses phases du développement du « cœur, par exemple, nous montrent que cet organe « n'arrive à son état d'organisation le plus élevé chez les « oiseaux, les mammifères et l'homme, qu'en passant « transitoirement par des formes qui sont restées défini- « tives pour des classes animales inférieures. C'est l'ob- « servation de ces faits et de beaucoup d'autres du même « genre qui a donné naissance à l'idée philosophique- « ment vraie que chaque animal reflète dans son évolu- « tion embryonnaire les organismes qui lui sont infé- « rieurs (1) ».

Claude Bernard fait ici le départ entre l'idée philo- sophiquement vraie et pour cause, et la science qui prononce que ce n'est là qu'un fait très bien constaté, auquel il ne faut pas demander ce qu'il ne donne pas, à

(1) Cl. Bern., *Science expér.*, p. 337.

savoir : une stabilité définitive là où il n'y a jamais eu qu'un état transitoire, pour un sujet déterminé dès le principe à n'être rien, si on l'arrête, ou à atteindre son développement définitif dans un état immuable. De même qu'il ne pouvait s'arrêter dans son évolution sans risquer de n'être pas, de même il ne se poussera pas au-delà sous peine de n'être plus.

Voilà ce que dit la science.

Il n'y a donc rien de moins démontré que l'évolution du minéral en végétal, du végétal en animal.

Le passage n'a pu s'effectuer que par l'introduction d'un nouveau facteur, cause du nouvel être, et c'est ce nouveau facteur que nous appelons forme substantielle ; c'est l'entéléchie ou perfection tombant sur cette matière, qui n'est pas encore l'être futur, pour l'informer et avec elle produire un sujet à l'élaboration duquel elle travaille sans arrêt. Contrariée dans son œuvre ou invitée à s'en tenir aux apparences des êtres inférieurs qu'elle traverse, elle ne produira rien, ou tout au plus des monstres. D'où il suit que, chez les vivants, chaque être a sa forme spéciale qui le fait tel et non pas tel autre, et cela dès l'origine.

Et voilà pourquoi les animaux les plus parfaits sont aussi les moins susceptibles de modifications, même purement accidentelles, puisque l'activité qui les mène à cette perfection a naturellement beaucoup plus de pouvoir sur les éléments qu'elle dirige, et conséquemment plus de résistance aux influences qui l'entravent.

Le transformisme automatique (1) n'est donc pas scien-

---

(1) Il est clair que nous ne combattons ici que cette sorte de transformisme qui se passe à la fois de Dieu et de la finalité. La question reste entière au sujet d'un transformisme qui aurait été voulu, réglé et réalisé par Dieu.

tifique, il est la conclusion d'un illogisme dont on pourrait ainsi formuler les termes : tout se passe comme *s'il y avait eu* transformisme, donc il y a transformisme. J'ai souligné ces mots *s'il y avait eu*, car aujourd'hui, du propre aveu des partisans de la théorie, pas un seul fait d'expérience ne vient l'appuyer. Ils reculent donc au-delà de toutes limites (1) les transformations, et ils n'admettent pas qu'on leur dise : tout se passe maintenant comme s'il y avait fixité dans les êtres qui évoluent, chacun dès le premier instant, vers la reproduction intégrale du type générateur ; donc il y a fixité.

En second lieu, pourquoi nous empêcherait-on de con-

(1) Il est intéressant de lire sur ce sujet un livre qui a pour titre : *Die Krise des Darwinismus*, etc... (*Wissenschaftliche Beilage zum 15 Jahresbericht der philosophischen Gesellschaft an der Universität zu Wien.*) Leipzig, J.-A. Barth, 1902.

La *Revue philosophique* du 1er juin 1903 en donne une analyse dans laquelle on peut lire ceci :

« Quelle est la cause de ce revirement? D'après M. Kassowitz, qui a ouvert le feu dans la discussion sur la « Crise du Darwinisme », à la Société de Philosophie de Vienne, l'explication serait très simple : tant que le darwinisme constituait une machine de guerre contre les croyances surannées et le dogmatisme religieux, on n'avait pas le temps et on n'osait pas y toucher, on s'interdisait toute analyse, toute critique, toute vérification. Mais aujourd'hui que l'éducation scientifique de la majorité de ceux qui pensent et réfléchissent peut être considérée comme terminée et qu'un fossé profond, infranchissable, sépare le domaine de la science de celui de la religion; la première ayant définitivement conquis le droit d'éliminer de ses considérations toute intervention de forces surnaturelles, on ne s'expose plus, en attaquant ou en critiquant le darwinisme, à compromettre les principes scientifiques inscrits sur sa bannière et au nom desquels il combattait. Chacun se trouve dégagé de la réserve qui lui était imposée jusqu'ici et récupère sa pleine liberté, le droit de critiquer et d'apprécier, au risque même de voir tout l'édifice du darwinisme crouler et disparaître. » — Voilà au moins un aveu dépouillé d'artifices.

Voir sur ce sujet les conclusions de M Stanislas Meunier, *Revue scientifique*, 10 déc. 1903. — L'article entier serait à citer. C'est la condamnation du transformisme par un maître.

clure que, tout se passant comme s'il y avait une âme
directrice, il y a une âme directrice, ou forme substantielle, dans l'être vivant ? La différence entre l'argument
évolutionniste et le nôtre, c'est que l'expérience est tout
entière de notre côté ; mais tandis que nous l'interpré-
tons par une cause réelle, simple et cachée, eux, sur des
apparences ou des faits qui n'atteignent que les contours
des êtres, forgent une théorie, ingénieuse si l'on veut,
mais qui laisse entier le problème.

Concédons, en effet, une évolution qui a eu lieu, une
fois pour toutes, au commencement. Elle exigera à
chaque nouveau degré l'intervention du Créateur pour
fixer les espèces, constituer de nouvelles activités,
sources d'êtres plus parfaits. Poser l'évolution progressive automatique, et c'est la seule admise aujourd'hui,
c'est poser qu'on peut donner ce que l'on n'a pas, c'est
faire sortir le plus du moins. Pourquoi alors ne pas
admettre tout de suite une création d'êtres parfaitement
constitués dès l'origine et n'ayant plus pour mission que
de se perpétuer avec des variations dont le type primitif
reste le centre ?

Si les êtres, dans leur ensemble, ne viennent pas les
uns des autres par transformations successives, si
chaque être en particulier, et à mesure qu'on monte
vers les plus parfaits, tend dès l'origine à un but distinct
qui le sépare à la fois de ce qui est au-dessus et de ce
qui est au-dessous de lui, il en résulte que, dans sa perfection même, doivent entrer les perfections de ses inférieurs. Désigné pour être tel type et non pas tel autre à
aucun instant, il n'est ceux auxquels il ressemble, pas
plus qu'il ne contient ceux qui le limitent (1).

(1) Aristote, *Hist. an.*, VIII, 1, 588ᵇ, 4-30.

On a constaté que l'activité de tous les êtres, depuis le plus infime jusqu'au plus noble, présente des caractères analogiques indiscutables, et nous faisions remarquer au commencement de ce travail que les phénomènes de cristallisation ne sont qu'un pâle reflet de l'activité vitale.

Mais de la plante à l'homme, l'analogie s'accentue dans les fonctions communes ; le vivant se nourrit, croît et se reproduit. Aussi retrouve-t-on chez tous les vivants des organes appropriés à ce triple but. *La ressemblance des fonctions postule la ressemblance des organes.* Dès lors, il n'y a pas lieu de s'étonner de rencontrer là où fleurit la vie les mêmes instruments plus ou moins parfaits, mais tous marqués du sceau à peine modifié du Créateur qui les a destinés à une même fin (1).

Bien plus, si la finalité identique explique la parité des organes dans des êtres distincts, *les lois de leur développement donnent la raison de leurs autres ressemblances* et font, comme le dit Cl. Bernard, « que chaque animal reflète, dans son évolution embryonnaire, les organismes qui lui sont inférieurs (2). »

En effet, le minimum de différences dans les êtres coïncide avec leur maximum de ressemblances. Ceci n'a pas besoin d'être démontré, et l'expérience qui l'enseigne dit encore qu'entre les plus parfaits des végétaux, par exemple, et les plus infimes des animaux, les lois qui régissent la vie et les organes qui s'y rencontrent sont à peine dissemblables, et que, par conséquent, à ces extré-

---

(1) Arist., *Hist. an.* θ, 1, 17 et sq. q. ; *Part. an.* Δ, 5, 681ᵃ 15 et sq. q.

(2) Cf. Arist., *Part. an.* Λ, 4, 644ᵃ, 12-23 ; *Ibid.,* Λ, 5, 645ᵇ, 3-10 ; — *Hist. an.* Λ, 1, 486, 17-21 ; *Ibid.,* Λ, 7, 491ᵃ, 14-19 ; *Ibid.,* B. 1, 497ᵇ, 9-12.

mités, nous avons un maximum de ressemblances. Les extrêmes se touchent ou même se ressemblent. C'est pourquoi chaque être, à son origine, paraît se confondre dans le règne inférieur à celui dans lequel il doit évoluer. Or, partant d'un minimum, il part d'un point où les différences sont peu sensibles, mais grandes les ressemblances.

Poussé par l'impulsion directrice vers un plan déterminé, à mesure qu'il progresse, il s'éloigne du point de départ, par conséquent, des ressemblances avec ses inférieurs pour accuser des différences de plus en plus prononcées. Mais ces différences elles-mêmes, en l'éloignant des inférieurs, le rapprochent des supérieurs, la ressemblance qui s'efface au bas de l'échelle avec les uns se précise en haut avec les autres. De sorte que, jusqu'au terme, le sujet qui se développe ne se différencie d'un être que pour ressembler à un autre, et voilà comment il semble reproduire les intermédiaires qui le séparent de son état définitif. C'est la loi pour tout ce qui n'apparaît pas en pleine perfection sur la scène du monde.

Surpris dans sa marche progressive ou embryonnaire, comme dit Cl. Bernard, il y a donc toujours un moment où l'être reflète davantage plutôt tel intermédiaire que tel autre, sans jamais être celui-ci plutôt que celui-là. C'est le cas pour l'homme, le plus parfait des êtres animés. Vivant, c'est à peine si, à l'origine, il se différencie de ce qui ne vit pas. Ce je ne sais quoi où s'est enfermée l'idée directrice de son évolution ressemble plus à la matière inerte qu'au futur roi de la création. Le plan se dessine, la différence se précise : c'est bien un vivant. Mais quel vivant ? Beaucoup plus proche en apparence du végétal que de l'animal. Sa vie, sa nutrition, sa circulation, son accroissement semblent calqués sur ce qui se passe dans la plante, c'est la remarque d'Aristote (1), tronc, racine, branches et sève se retrouvent dans les vaisseaux, les organes, la circulation qui puisent dans les éléments de l'œuf ou du sang maternel, comme l'arbre dans le sol, ce qui doit être véhiculé et employé au profit de l'être futur. Le cœur, qui, tout à l'heure, était à peine perceptible, entre de plus en plus en activité, « c'est, dit Cl. Bernard, comme un moteur isolé « antérieur à l'organisation et destiné à transporter sur « le chantier de la vie les matériaux nécessaires à la « formation du corps animal (2). »

L'apparence était donc trompeuse, le cœur constituait la différence (3) ; nous n'avions pas une plante. Mais voici que nous paraissons avoir avec cet organe rudimentaire, comme la vésicule circulatoire d'un infusoire, un animal des plus imparfaits. Illusion encore ! Sur le chantier, la construction se poursuit. C'est maintenant un cœur de poisson, une oreillette et un ventricule, ce sera bientôt le cœur du reptile avec trois cavités. Enfin, les quatre cavités propres au cœur d'oiseau et de mammifère.

Nous sommes loin des analogies avec la plante ; en nous éloignant de ce minimum, où battait à peine le *punctum saliens*, nous avons rencontré d'autres ressemblances qui se sont évanouies à leur tour. Quand une ressemblance est demeurée définitive, c'est que le maxi-

(1) Arist., *Part. an.* A, 1, 644ᵃ, 21-22; *Ibid.*, Δ, 11, 691ᵃ, 13-17 ; — *Hist. an.* A, 1, 486ᵇ, 21-22 ; — *Part. an.* Δ, 12, 693ᵃ, 26 et sq.q.; — *Hist. an.* A, 486ᵇ, 19-21 ; — *Part. an.* Δ, 12, 692ᵇ, 16-17.
(2) Cl. Bernard, *Science expérimentale*, p. 336.
(3) Il s'agit de l'homme uniquement, car il y a des quantités d'animaux sans cœur. La vésicule pulsative des infusoires, est paraît-il, une vessie urinaire.

mum de développement est atteint. En somme, le sujet se développant n'a jamais été ce qu'il *paraissait* être, parce qu'il n'était à aucun moment ce qu'il *devait* être. Une idée maîtresse a dirigé dès le premier instant sa formation, et, de concert avec les causes secondes, a exécuté le plan, non pas d'un seul coup : ce qui est au-dessus de la nature ; mais progressivement, suivant des lois précises et communes à tous les êtres. Si donc, dans l'idée ou dans le plan, le sujet doit être autre que celui-ci ou celui-là, il doit, jusqu'au point où il s'en différencie par sa perfection même, suivre une marche identique et par conséquent lui ressembler au passage.

La philosophie et la science sont ici d'accord, et ce n'est pas un mince honneur à Claude Bernard de l'avoir entrevu. Ce qu'il appelle l' « idée directrice », c'est ce que nous nommons forme substantielle. C'est ce qu'il faut admettre, à moins de faire appel au hasard, qui ne doit jamais être invoqué par le savant et le philosophe, ou à des lois qui ne sont elles-mêmes que l'expression d'un ordre établi et par conséquent d'une idée maîtresse. Et la corrélation qui paraît exister entre le développement embryonnaire de l'animal et celui de l'homme n'est qu'un exemple de plus, non pas de la parité des sujets qui subissent la loi, mais de la parité des lois que subissent les sujets.

Nous avons suffisamment démontré que l'évolution transformiste mécanique est improbable. Nous admettrons plutôt que le Créateur a produit d'un seul acte et dans leur perfection les êtres vivants, ou bien qu'il a présidé lui-même à leurs transformations — ce qui est évidemment admissible. C'est pourquoi il n'est pas défendu de croire qu'il a fait monter les êtres de perfections en perfections par une intervention positive, répétée autant de fois qu'il a été nécessaire pour passer du moins parfait au plus parfait.

Mais à quoi bon ce travail quand tout pouvait être fait en une fois, et qu'il s'agissait plutôt de déterminer les lois de la reproduction que celles de la création ?

Car c'est vraiment là ce qui nous intéresse. S'il y a un Créateur, la question n'est pas tant de savoir comment les créatures ont apparu que d'étudier comment elles se perpétuent. Le premier problème restera toujours sans solution. « Le mystère du commencement pour toutes « choses est insoluble pour nous, et je dois me contenter « de demeurer un agnostique. » *Ignorabimus*, disait Du Bois-Reymond (1).

Le second se résout sous nos yeux. L'évolution nécessite l'intervention de la cause première, la reproduction est laissée à l'activité des causes secondes. Et saint Thomas nous dit qu'il est indigne d'un philosophe de faire intervenir Dieu continuellement là où des causes prochaines suffisent à donner une explication.

Il est donc acquis que les formes substantielles simples et immatérielles sont les sources de l'activité de la matière et, en l'informant, constituent avec elle tel être plutôt que tel autre. Il est admis que, si les formes inférieures disposent dans un ordre admirable la matière pour l'utilité des formes supérieures, celles-ci, sans découler de celles-là, en contiennent toutes les perfections. Par ce fait, une seule forme substantielle étant en acte, celles qu'elle englobe passent à l'état de puissance. Du minéral à l'homme, il en va ainsi. Et l'homme résume

(1) Cité par Grasset: *Les limites de la biologie*, cap. ix, p. 165 et 161.

tout parce qu'il est le plus parfait de tous. Le phénomène
de la génération dans les vivants se résume en ce que les
parents ont la faculté d'élaborer un germe d'où sortira
leur semblable. Ils ne donnent que ce qu'ils ont. Le
nouveau germe fécondé, c'est donc l'être futur en puissance. L'idée selon laquelle il doit se développer est là
tout entière, mais pas tout entière active. Elle y est dès
le commencement, nous l'avons démontré, et les causes
secondes aidant à sa manifestation, elle se réalise dans
un type déterminé. Contrariée, elle ne donnera rien ou
tout au plus un monstre.

C'est ainsi que les choses se passent, et saint Thomas
a raison de dire que ces formes sont des formes matérielles, en ce sens qu'elles sont rivées à la matière et
n'ont leurs conditions d'existence et d'activité qu'en elle.
L'âme animale, si parfaite qu'elle soit, n'a que les perfections de formes inférieures, plus la sensibilité. Mais
sa perfection même exige qu'elle ne soit pas séparée de
la matière, et lorsque l'œuf animal est fécondé, il n'y a
plus ni œuf ni sperme, mais une troisième chose, une
troisième substance, par conséquent une forme substantielle spéciale et nouvelle. D'où est-elle sortie ? De la
matière, et de la matière vivante déjà et placée dans des
conditions et provenant de sujets tels que leur union
engendre un embryon proportionné aux causes, ni
plus haut dans l'échelle des êtres, ni moins haut.

Pas n'est besoin ici de l'intervention immédiate du
Créateur. Les conditions qu'il a prescrites une fois pour
toutes étant remplies, les conséquences en découlent. Ainsi
se forment les vivants par le pouvoir donné aux vivants.
Aucun ne sort de sa nature. L'animal engendré est en
puissance dans les principes générateurs comme le com-

posé chimique dans les composants. Et de même que les
combinaisons ne s'effectuent que suivant les lois de l'affinité et des poids, de même les générations n'aboutissent
que dans les mêmes espèces et dans des conditions très
déterminées. C'est l'analogie qui, partout, se retrouve
dans les œuvres de la nature ; mais ici dans un ordre bien
supérieur. Que les composants soient en puissance dans
le composé, l'expérience le démontre amplement.

Qu'est-ce qu'un organe, sinon un assemblage savant
de cellules ? Qu'entre-t-il dans la cellule ? Généralement
de l'oxygène, du carbone, de l'hydrogène et de l'azote,
et quelques autres corps simples. Mais tous ces éléments
sont maintenus dans la cellule par une force qui échappe
à l'analyse et qui en fait la synthèse. Supprimez cette
force, les activités particulières se dégagent et rendent
au *circulus* naturel ce qu'elles lui ont pris, quitte à le lui
redemander bientôt.

« Voyez », dit Cuvier, en parlant du corps d'une femme
dans tout l'éclat de la jeunesse et de la beauté subite-
ment atteinte par la mort, « voyez ces formes arrondies
« et voluptueuses, cette souplesse gracieuse des mouve-
« ments, cette douce chaleur, ces joues teintes de rose,
« ces yeux brillants de l'étincelle de l'amour ou du feu
« du génie, cette physionomie égayée par les saillies de
« l'esprit ou animée par le feu des passions ; tout semble
« se réunir pour en faire un être enchanteur. Un instant
« suffit pour détruire ce prestige : souvent, sans cause
« apparente, le mouvement et le sentiment viennent à
« cesser. Le corps perd sa chaleur, les muscles s'affaissent
« et laissent paraître les saillies anguleuses des os ; les
« yeux deviennent ternes, les joues et les lèvres livides.
« Ce ne sont là que les préludes de changements plus

« horribles. Les chairs passent au bleu, au vert, au noir;
« elles attirent l'humidité, et pendant qu'une portion
« s'évapore en émanations infectes, une autre s'écoule
« en sanie putride qui ne tarde pas à se dissiper aussi;
« en un mot, au bout d'un petit nombre de jours, il ne
« reste plus que quelques principes terreux et salins, les
« autres éléments se sont dispersés dans les airs et dans
« les eaux pour entrer dans d'autres combinaisons (1). »

Qu'était-ce que tout cela? Hydrogène, oxygène, carbone,
azote, répond la science intransigeante. Et la mort, non
moins froide, se charge de la démonstration. Analyse
épouvantable et irrémédiable en cette fin de l'être,
comme la synthèse fut inexplicable et harmonieuse en
son commencement et dans son progrès.

Tout est donc conforme à la théorie que nous avons
exposée, et nous sommes en droit de conclure que les
choses se passent comme s'il y avait, dès l'origine, une
âme directrice. C'est l'opinion de savants illustres : E. de
Beaumont, Milne Edwards, Quatrefages, Flourens, Claude
Bernard. L'un de ces savants, Jean Müller, ne craint pas
d'écrire : « Quelques-uns ont cru que la vie est simple-
« ment le résultat de l'harmonie et, pour ainsi dire, de
« l'engrenage des roues de la machine ; cet engrenage
« naturel existe évidemment, mais cette harmonie des
« membres, nécessaire pour constituer le tout, ne peut
« pourtant pas exister sans l'influence d'une force qui
« pénètre le tout de son action. Cette force ne dépend
« pas des membres particuliers, elle est au contraire
« antérieure à ces membres harmoniques du tout. L'or-
« ganisme ressemble sans doute à un mécanisme artifi-

---

(1) Cité par Cl. Bernard, *Science expérimentale*, p. 165.

« ciel, mais c'est la force organique qui produit le méca-
« nisme même des organes et le soutient ; l'action du
« corps organique ne dépend pas simplement de l'har-
« monie des organes, mais cette harmonie même est
« l'effet de la force organique (1). »

« Ce n'est pas la matière qui vit », dit encore Flourens ;
« une force vit dans la matière, et la meut, et l'agite, et
« la renouvelle sans cesse (2). »

« Comme expérimentateur », dit Claude Bernard,
« j'évite les systèmes philosophiques. Mais je ne sau-
« rais pour cela repousser cet esprit philosophique qui,
« sans être nulle part, est partout, et qui, sans appar-
« tenir à aucun système, doit régner non seulement sur
« toutes les sciences, mais encore sur toutes les con-
« naissances humaines (3). »

Et sans faire des phénomènes physiques et chimiques
qui s'effectuent dans le vivant, des phénomènes différents
de ceux qui sont dans la nature, il écrit : « Il y a comme
« un dessin vital qui trace le plan de chaque être et de
« chaque organe, en sorte que si, considéré isolément,
« chaque être est tributaire des forces générales de la
« nature, pris dans leur ensemble, ils paraissent révéler
« un lien spécial ; ils semblent dirigés par quelque con-
« dition invisible dans la route qu'ils suivent, dans
« l'ordre qui les enchaîne. Ainsi les actions chimiques
« synthétiques de l'organisation et de la nutrition se
« manifestent comme si elles étaient dominées par une
« force impulsive gouvernant la matière, faisant une
« chimie appropriée à un but et mettant en présence les

(1) *Handb. der Physiol. des Menschen.* Ed. 4°, t. I, p. 21.
(2) *La vie et l'intelligence.* Préf.
(3) Cl. Bernard, *Science expérimentale*, p. 84.

« réactifs aveugles des laboratoires à la manière du chi-
« miste lui-même..... C'est cette puissance ou propriété
« évolutive qui, seule, constituerait le *quid proprium*
« de la vie, car il est clair que cette propriété évolutive
« de l'œuf qui produira un mammifère, un oiseau ou un
« poisson, n'est ni de la physique, ni de la chimie (1). »

« Quand on observe l'évolution ou la création d'un être
« vivant dans l'œuf, on voit clairement que son organi-
« sation est la conséquence d'une loi organogénique qui
« préexiste d'après une idée préconçue et qui s'est trans-
« mise par tradition organique d'un être à l'autre.....
« Cette puissance créatrice ou organisatrice n'existe pas
« seulement au début de la vie dans l'œuf, l'embryon
« ou le fœtus, elle poursuit son œuvre chez l'adulte (2). »

« Quand un poulet se développe dans un œuf, ce n'est
« point la formation du corps animal, en tant que grou-
« pement d'éléments chimiques, qui caractérise essen-
« tiellement la force vitale. Ce groupement ne se fait que
« par suite des lois qui régissent les propriétés physico-
« chimiques de la matière ; mais ce qui est essentielle-
« ment du domaine de la vie, et ce qui n'appartient ni à
« la chimie, ni à la physique, ni à rien autre chose, c'est
« l'idée directrice de cette évolution vitale. Dans tout
« germe vivant, il y a une idée créatrice qui se déve-
« loppe et se manifeste par l'organisation. Pendant toute
« sa durée, l'être vivant reste sous l'influence de cette
« même force vitale créatrice, et la mort arrive lors-
« qu'elle ne peut plus se réaliser (3). »

Milne Edwards dit : « L'organisation du corps vivant

(1) *Science expérimentale*, p. 219.
(2) Cl. Bernard, *Science expérimentale*, p. 131.
(3) Cl. Bernard, *Médecine expérimentale*, p. 147.

4

« n'est pas la cause de la puissance vitale que celui-ci
« possède, mais une conséquence des propriétés de
« cette force vitale.....; en d'autres mots, la vie est une
« force organisatrice de la matière pondérable et ses
« manifestations sont dépendantes du mode d'arrange-
« ment qu'elle y détermine (1). »

Donc, comme dans ce cas la vie organise, la vie fait les
organes, on ne peut prétendre que ce ne soit pas la
même force qui, dès l'origine, est vitale et sensitive
dans l'animal, puisque, s'il n'y avait pas d'organes, il n'y
aurait pas de vie, et réciproquement.

Aussi, le R. P. Sertillanges, commentant le passage
du beau livre de Claude Bernard : *Introduction à l'étude
de la Médecine expérimentale*, en dégage-t-il le parfait
accord de la science et de la philosophie péripatéticienne : « La formation du vivant s'opère, à vrai dire,
sous l'empire d'un principe substantiel qui exprime la
nature de l'être et l'incarne. Mais il serait vain de concevoir, pour réaliser son évolution et sa naissance, une
espèce de poussée interne distincte des propriétés physico-chimiques qui résultent de sa constitution même et
de l'action du milieu auquel il est adapté. C'est là le
rêve vitaliste que réfute magistralement notre auteur....
...Ceux qui ont mis en avant l'hypothèse évolutionniste
ont cru s'affranchir de l'idée de cause première et de
toute pensée créatrice. Claude Bernard leur disait :
« Vous confondez les conditions avec les causes. » A titre
de condition, tout dérive de la matière et des propriétés
physico-chimiques de la matière, soit ; mais, ce qui n'appartient ni à la chimie, ni à la physique, ni à rien autre

---

(1) *Leçons de physiologie*, I, xiv, p. 265.

chose, c'est l'idée directrice de cette évolution univer-
selle.

« Tout procède de l'idée, qui seule crée et dirige.
Le reste est procédé, mécanisme, conditions, mais non
pas cause. Le déterminisme n'est que le serviteur d'une
idée et l'exécuteur d'une finalité providentielle. »

Et plus loin : « Au fond, la grande erreur du matérialisme mécaniste consiste à ne considérer dans les phénomènes que l'élément quantitatif en négligeant l'élément spécifique des phénomènes et des êtres..... Tout
n'est pas nombre et matière, figure et mouvement,
comme l'a cru Descartes. Il y a en tout être un principe directeur de son activité, un *quid proprium* qui
échappe aux formules mathématiques de la science. Une
explication purement mécaniste de l'univers est un jeu
d'enfant, et c'est un jeu stérile, puisqu'il est démontré
qu'une explication mécanique étant donnée, on en peut
trouver mille autres aussi valables. — En cela donc, le
vivant ne diffère pas du non-vivant; il faut supposer,
dans l'un comme dans l'autre, quelque chose qui réponde
à ce que l'Ecole appelle une forme, idée ou principe spécifique, lequel principe n'est pas une force au sens mécanique du mot, mais dirige dans un sens donné les manifestations de la force... Tout phénomène est, en effet, régi
par une loi spéciale qui exprime une idée directrice, et,
par conséquent, un principe directeur de sa finalité (1). »

Nous admettons comme parfaitement légitimes et
conformes à la pensée de l'illustre savant ces commen-
taires du R. P. Sertillanges, mais nous nous ferions un

(1) Commentaire du P. Sertillanges sur la page 148 de l'*Introduction à l'Etude de la Médecine expérimentale.*

scrupule de ne pas citer ici les explications de Claude Bernard lui-même sur l'idée directrice : « En disant que la vie est l'idée directrice ou la force évolutrice de l'être, nous exprimons simplement l'idée d'une unité dans la succession de tous les changements morphologiques et chimiques accomplis par le germe depuis l'origine jusqu'à la fin de la vie. Notre esprit saisit cette unité comme une conception qui s'impose à lui, et il l'explique par une force; mais l'erreur serait de croire que cette force métaphysique est active à la façon d'une force physique. *Cette conception ne sort pas du domaine intellectuel* pour venir réagir sur les phénomènes pour l'explication desquels l'esprit l'a créé; quoique émanée du monde physique, elle n'a pas d'effet rétroactif sur lui.

« En un mot, la force métaphysique évolutive par laquelle nous pouvons caractériser la vie est inutile à la science, parce qu'étant en dehors des forces physiques elle ne peut exercer aucune influence sur elles. En résumé, si nous pouvons définir la vie à l'aide d'une conception métaphysique spéciale, il n'en reste pas moins vrai que les forces mécaniques, physiques et chimiques sont seules les agents effectifs de l'organisme vivant, et que le physiologiste ne peut avoir à tenir compte de leur action (1). »

Voilà bien des paroles qui semblent détonner avec tout ce qui précède, et si l'on ne devait juger la doctrine du savant que d'après ce texte, il faut convenir que, par une contradiction inconcevable, il serait à la fois idéaliste et matérialiste. Matérialiste, parce que son idée directrice n'est pas active, parce qu'elle ne peut exercer

(1) *Science expérimentale*, p. 210.

sur des forces physiques aucune influence, parce qu'elle est inutile à la science. Idéaliste, parce que c'est une abstraction, une pure conception de l'esprit « qui ne sort pas du domaine intellectuel, pour venir réagir sur les phénomènes pour l'explication desquels l'esprit l'a créée. »

Le cas est d'autant plus embarrassant que cette explication revient dans le deuxième volume de la *Vie dans les végétaux et dans les animaux...* Que faut-il en conclure ?

A notre avis, Claude Bernard, occupé à batailler contre ceux qui voulaient soustraire les conditions de la vie à un certain déterminisme physico-chimique, a outré sa pensée pour la faire mieux comprendre, et l'expression a dépassé ce qu'il voulait dire. Autrement, il faudrait avouer qu'il ne s'est pas compris lui-même. Mais l'ensemble de ses œuvres ne permet pas de le juger aussi sévèrement.

« En effet, le problème que se posent le physiologiste et le médecin expérimentateur n'est point de remonter à la cause première de la vie, mais seulement d'arriver à la connaissance des conditions physico-chimiques déterminantes de l'activité vitale (1). » Nous ne saurons jamais ce qu'est la vie en elle-même. « La vie, pour le physiologiste (2), ne saurait être autre chose que la cause première créatrice de l'organisme qui nous échappera toujours, comme toutes les causes premières. Cette cause se manifeste par l'organisation ; pendant toute sa durée, l'être vivant reste sous l'empire de cette influence vitale créatrice. »

« De tous temps, les philosophes et les savants ont

(1) Cl. Bernard, *Science expérimentale*, p. 42.
(2) Id., *loc. cit.*, p. 52 et seq.

« distingué deux ordres de causes, les causes premières
« et les causes secondes ou prochaines. Les causes pre-
« mières nous sont absolument impénétrables; les
« causes prochaines, relatives aux conditions de mani-
« festation des phénomènes, sont à notre portée.

« ...En résumé, il y a dans un phénomène vital, comme
« dans tout autre phénomène naturel, deux ordres de
« causes : d'abord une cause première créatrice, législa-
« tive et directrice de la vie, et inaccessible à nos con-
« naissances ; ensuite une cause prochaine ou exécutive
« du phénomène vital qui, toujours, est de nature phy-
« sico-chimique et tombe dans le domaine de l'expéri-
« mentateur. La cause première de la vie donne l'évolu-
« tion ou *la création de la machine organisée;* mais la ma-
« chine, une fois créée, fonctionne en vertu des proprié-
« tés de ses éléments constituants et sous l'influence des
« conditions physico-chimiques qui agissent sur eux. »

« La nature de notre esprit nous porte à rechercher la
cause première ou le pourquoi des choses. En cela, nous
visons plus loin que le but; l'expérience nous apprend
que nous ne pouvons pas aller au-delà du *comment* (1). »

Nous bornerons là ces citations, d'où il découle clairement qu'en admettant les causes premières, Claude Bernard a eu le tort de prétendre qu'il ne fallait pas s'en
occuper; et comme il range son idée directrice parmi ces
causes premières, c'est la raison pour laquelle il la traite
si légèrement dans le texte que nous avons reproduit. Et
lui qui affirme si bien « que la philosophie et la science
ne doivent pas être systématiques, qu'elles doivent être
unies et s'entr'aider sans vouloir se dominer l'une

(1) *Science expérimentale*, p. 55.

l'autre (1) » ; — « que lorsque la philosophie sera assez
avancée, le poète, le philosophe et le physiologiste s'en-
tendront tous (2) » ; — lui, qui affirme ces choses, commence par fermer systématiquement la bouche aux philosophes, et, tout en déclarant qu'il les aime beaucoup
et même qu'ils sont utiles pour entretenir ici-bas la
flamme de l'idéal, il les relègue dans un monde qui n'a
rien de commun avec la réalité.

Voilà l'erreur. Mais cela ne suffit pas pour appeler matérialiste un homme qui a toujours protesté énergiquement
contre cette accusation et qui répondait superbement :
« Je pourrais montrer qu'en physiologie, le matérialisme
ne conduit à rien et n'explique rien ; mais un concert en
est-il moins ravissant parce que le physicien en calcule
mathématiquement toutes les vibrations? Un phénomène
physiologique en est-il moins admirable parce que le physiologiste en analyse toutes les conditions matérielles (3)?»
C'est le propre de l'intelligence humaine d'être toujours
faible par quelque endroit, et les contradictions de Claude
Bernard en sont une preuve de plus (4).

Sous le bénéfice de ces observations nécessaires, il
n'en reste pas moins acquis que l'ordre étant dans l'uni-

(1) *Loc cit.*, p. 91.
(2) *Loc. cit.*, p. 366.
(3) *Science expérimentale*, p. 361.
(4) Ces lignes étaient écrites quand a paru le livre de M. Dastre :
La Vie et la Mort, où est rééditée, sans aucune altération, l'opinion
de Claude Bernard sur l'idée directrice comme pure conception
de l'esprit (p. 15). — Nous nous bornons à faire remarquer une
fois de plus que si l'idée directrice est une conception de l'esprit
interprétant l'ordre qu'il y a dans les choses — comme l'ordre ou
l'idée suppose une intelligence, il s'ensuit que si l'ordre est réel
objectivement, la cause l'est aussi. Donc, qu'il le veuille ou non,
Claude Bernard doit admettre une cause réelle et objective de cet
ordre et la placer en dehors de lui. Et cette cause ne peut être que

vers, il doit être dans ses parties, et que les ordres partiels sont eux-mêmes la résultante d'une activité spécifique qui utilise des forces données pour les diriger conformément à leurs propriétés, et en quelque sorte en se soumettant à leur nature particulière. Cette servitude est la condition de son règne. Tout principe spécifique, toute forme substantielle, qui dirige ainsi la construction d'un être, a donc sa finalité propre. Elle mène l'être jusqu'où il doit aller.

Elle est antérieure à l'harmonie du tout, comme dit Müller, puisqu'elle fait cette harmonie.

Et de ce que l'être en formation ne révèle pas encore ce qu'il doit être finalement, faut-il conclure que l'idée dirigeante est absente ? Non, certes ! Car si l'être n'est pas complet, qui le complètera, si ce n'est ce qui l'a commencé et possède le plan total et final. Et si l'être est complet, alors nul besoin de transformation, et l'activité spécifique est à son terme.

C'est cette théorie parfaitement aristotélicienne que M. Paul Vignon a soutenue dans sa thèse, résumée en des propositions dont la portée n'échappera à personne. « Il existe une subordination effective de la molécule à « l'énergide cellulaire, de cette énergide élémentaire à « l'énergide totale ; cette dernière, c'est l'être spécifique, « c'est la personne biologique, personne dont la coordi- « nation manifeste l'unité (1). »

Dieu, l'âme ou un principe vital distinct de l'âme. Je ne parle pas des systèmes matérialistes. Ce n'est pas Dieu, s'il existe en dehors de lui une cause suffisante, et si l'on ne veut pas faire du corps un simple mobile, dans la dualité de substance. Ce n'est pas un principe vital distinct de l'âme. Il reste que ce soit l'âme.

(1) *Recherches de cytologie générale sur les épithéliums*, P. Vignon, docteur ès-sciences, p. 378.

De la simple inspection d'une cellule vivante, on pourrait donc, à la rigueur, déterminer ce que sera l'être tout entier. Pourquoi? Parce que, déjà, on saisit, ou, du moins, on peut saisir les liens de subordination à un organe supérieur. Le plan n'est pas rempli. Mais l'idée directrice en a commencé le développement. Elle est donc là dès l'origine.

C'est aussi la conclusion de M. A. Gautier : « Si les « agents des transformations chimiques qui président à « l'assimilation et au fonctionnement de la cellule sont « des ferments, c'est le noyau qui règle l'ordre de succes- « sion, l'intensité des fermentations, aussi bien que le « mode d'utilisation, de localisation et d'excrétion des « principes qui en résultent. Le noyau dirige ces mani- « festations successives vers un même but, savoir : le « maintien du type cellulaire, l'accroissement et le fonc- « tionnement réguliers, en un mot la vie de la cellule « entière. C'est dans ce noyau que semblerait résider « *cette âme nutritive* d'Aristote, celle à qui il donnait « pour fonction *d'engendrer* et *d'employer la nourriture.* « Cette âme, on le voit, se résume pour nous en une « forme inscrite en ce noyau, ou, pour parler plus nette- « ment, dans la forme stéréochimique de l'agrégation « moléculaire qui constitue la cellule en un organisme, « forme elle-même en rapport avec la constitution des « molécules fondamentales du protoplasma que dirige « le noyau. La direction, l'ordre, la loi qui préside aux « phénomènes matériels ne peut avoir d'équivalent méca- « nique : seuls les actes modificateurs de la matière « dépensent ou produisent de l'énergie (1). »

(1) *Revue générale des sciences*, 30 juin 1902, p. 560.

On ne saurait être plus clair et plus précis.

Il serait maintenant inutile de multiplier les citations qui aboutissent aux mêmes conclusions. La dualité entre la matière et la forme reste établie ; le principe d'activité est simple, il est dans l'*être dès son origine* et, sans être matière, est inséparable de la matière sur laquelle il pose sa marque indélébile.

C'est ainsi que l'on est amené à affirmer avec M. Stanislas Meunier (1) « que la cause de la vie et de ses manifestations sur la terre, est extérieure à la terre ; qu'elle est antérieure à notre monde comme le sont, sans aucun doute, les lois de la physique et de la chimie qui président aux rapports de la matière et de la force dans tous les points de l'espace.

La philosophie et la science, continue le savant maître, ne sauraient rien perdre à l'admission de points de vue qui, loin de rétrécir nos sujets d'études, les élargissent au-delà de toutes limites, et c'est peut-être l'occasion de montrer, une fois de plus, aux personnes qui se tournent vers la métaphysique par soif de mystère, qu'elles trouveraient dans la science pure de quoi satisfaire leurs légitimes aspirations. »

(1) *Revue scientifique*, 19 déc. 1903, p 779.

CHAPITRE V.

Position de la question pour l'âme humaine.

Serrons maintenant de plus près le problème.

D'après tout ce qui a été dit, il paraît certain qu'il y a entre le minéral et le végétal, entre le végétal et l'animal, des différences spécifiques incontestables et infranchissables. C'est l'avis commun qu'à aucun instant le végétal n'est minéral, pas plus que l'animal n'est végétal. Quand on parle de la vie végétative dans l'animal, on veut simplement indiquer qu'à la manière du végétal, il se nourrit, s'accroît et se reproduit ; mais nullement qu'avant d'être animal, il faut être végétal. Dès l'origine, la première cellule de l'être sensible est totalement distincte de la première cellule d'une plante. C'est une question vidée. Il n'y a pas, il ne saurait y avoir d'âme végétative antérieure à une âme sensitive et disparaissant pour laisser la place à celle-ci dans l'animal. « Ainsi, « par exemple, l'embryon se nourrit déjà comme un « animal, avec des matières organiques ; il est incapable « de se nourrir, comme le végétal, aux dépens de fluides « inorganiques (1). »

L'animal est donc animal dès le premier instant, dès sa première cellule ; et comme l'animalité suppose la vitalité, il s'ensuit que l'idée directrice ou la forme substan-

---

(1) Milne-Edwards, *Rapport sur les progrès de la Physiologie*, p. 443.

tielle animale possède à la fois le pouvoir végétatif et le pouvoir sensitif, pouvoir d'ailleurs déjà perceptible dans le protiste.

Entendons Aristote : « Il est nécessaire que la faculté « nutritive réside chez tous les êtres qui croissent et qui « dépérissent. Mais il n'est pas nécessaire que la sensi- « bilité existe chez tous les êtres vivants..... L'animal, « au contraire, doit nécessairement posséder la sensibi- « lité, s'il est vrai que la nature ne fasse rien en vain..... « Puisque l'animal est un corps animé, que tout corps « est tangible, que le tangible est ce qui est sensible « pour le toucher, il est nécessaire que le corps de « l'animal soit doué du tact, pour que l'existence de « l'animal soit sauvegardée (1). »

« Nous disons donc que c'est par la vie que l'être animé « diffère de l'inanimé. Et le terme vie se prenant en « plusieurs acceptions, il suffit qu'un sujet la possède « en l'un de ces sens seulement pour que nous disions « qu'il est vivant ; j'entends, il suffit qu'il ait l'intellect, « la sensation, le mouvement et le repos dans l'espace, « ou encore le mouvement de nutrition, de dépérisse- « ment et de croissance. C'est pourquoi aussi on pense « avec raison que tous les êtres qui se développent sont « doués de vie..... Et il est possible que ce mode de vie « existe séparé des autres, mais il est impossible que « les autres soient sans celui-là, au moins chez les êtres « mortels. Cela est évident si l'on considère les êtres « qui n'ont que la croissance ; ils ne possèdent, en effet, « aucune autre faculté de l'âme. C'est donc par l'inhé- « rence de ce principe que la vie appartient aux vivants ;

(1) *De Anima*, II, cap. xii, 434ᵇ 7, 8. Edit. Rodier.

« mais ce qui constitue principalement l'animal, c'est la
« sensation..... (1). »

« Bornons-nous, quant à présent, à affirmer ceci : que
« l'âme est le principe de ces divers genres de vie que
« nous avons indiqués, et que c'est par eux qu'elle
« se définit, c'est-à-dire par les facultés nutritive, sensi-
« tive, intellectuelle (ou *dianoétique*) et le mouvement.
« Chacune de celles-ci est-elle une cause ou une partie
« de l'âme, et si c'est une partie de l'âme, l'est-elle
« de façon à n'être séparable que logiquement ou bien
« aussi dans le lieu? Pour quelques-unes d'entre elles,
« la solution est facile. Mais, pour certaines autres, on
« rencontre des difficultés..... En ce qui concerne l'in-
« tellect et la faculté théorique, il n'y a encore rien
« d'évident; il semble, toutefois, que ce soit un autre
« genre d'âme, et que lui seul puisse être séparé des
« autres facultés comme l'éternel du périssable. Quant
« aux autres parties de l'âme, il est évident, d'après ce
« qui précède, qu'elles ne sont pas séparées les unes des
« autres, comme certains le pensent, mais que, logique-
« ment, elles sont différentes, c'est ce qui apparaît clai-
« rement (2). »

Nous avons tenu à citer longuement pour bien péné-
trer la pensée d'Aristote et pour mieux poser le problème, car problème il y a.

Dans les générations animales, nous ne trouvons au
terme que des animaux, ni plus ni moins. Il est aussi
impossible à l'animal d'engendrer un végétal qu'au végétal de produire un animal. Si l'on veut dire que chacun

---

(1) *De Anima*, II, cap. II, 413ᵇ.
(2) Aristote, περὶ ψυχῆς, Ed. Rodier, B, 2, 413ᵇ, 29 : Τῷ δὲ λόγῳ
ὅτι ἕτερα, φανερόν.

d'eux, par sa faculté reproductrice, façonne un œuf ou un sperme qui vit, passe encore. Mais cela n'est qu'un élément de l'être, ce n'est pas l'être futur. Ce dernier commencera quand aucun des éléments n'existera plus comme tel. Et pour ce qui nous intéresse, il s'ensuit que chez les animaux, aussitôt après la fécondation il y a un animal, et que cet embryon, appuyé sur la vie, a en lui plus que la vie ; il a la sensibilité. La science ne saurait admettre autre chose. C'est le langage d'Aristote, nous l'avons vu, et pour le traduire en termes tout à fait péripatéticiens : la forme substantielle de l'animal a toutes les perfections des formes végétatives ou simplement vitales, plus la sensibilité.

Si, maintenant, nous rencontrons dans un être sensible quelque chose de plus que les sens, une intelligence, la question se pose. D'où vient cette perfection ?

Ce n'est point là une hypothèse. L'être existe, c'est l'homme. Il vit, il sent, il raisonne. Tout ce que nous avons appris des formes substantielles nous permet de dire, sans autre examen, que l'âme raisonnable contient toutes les perfections des formes inférieures, plus la raison.

Mais on ne peut donner que ce qu'on a. Cette perfection, donc, ne sort pas des formes inférieures, ni par évolution lente (1), ni par transformation brusque (2),

____

(1) Virchow dit nettement : « Dans la question de l'homme, nous sommes repoussés sur toute la ligne. Toutes les recherches entreprises, dans le but de trouver la continuité dans le développement progressif, ont été sans résultat. Il n'existe pas de Proanthropos, il n'existe pas d'homme-singe ; le chaînon intermédiaire est demeuré un fantôme. — *Revue scientifique*, 1892, p. 501.

Vogt exprime la même opinion. *Revue scientifique*, 1891, p. 648.

(2) Voici ce qu'écrit sur ce sujet un des représentants de la

elle vient du dehors, comme dit Aristote, en tant d'endroits. L'illustre Stagirite ne nous parle pas de création ; mais plus éclairés sur la vraie nature de cette âme, qu'il dégage si absolument de la matière, nous sommes en droit d'affirmer sa spiritualité et, par voie de consé-quence, sa création.

Nous nous garderons de tomber dans l'erreur qui confond la spiritualité de l'âme avec sa simplicité. Que toutes les formes substantielles soient simples, c'est incontestable, mais si tout ce qui est spirituel est néces-sairement simple, tout ce qui est simple n'est pas spiri-tuel. L'âme de la plante, celle de l'animal sont simples ; l'âme humaine est spirituelle. Tandis que les unes ne peuvent exercer aucune opération en dehors de la

science moderne, le docteur Metchnikoff, dans son livre : *Études sur la nature humaine*, p. 71 :

« Il faut bien admettre que certaines espèces d'organismes, au lieu d'évoluer à pas très lents, peuvent naître brusquement, et que, dans ce cas, la nature procède par un saut considérable. De Vries a pu, de cette façon, assister à la naissance subite d'espèces nouvelles.

« *Il est probable* que l'homme doit son origine à un phénomène semblable. Quelque singe anthropomorphe, se trouvant dans une période de variabilité des caractères spécifiques, engendra des enfants munis de propriétés nouvelles. Le cerveau, de grosseur anormale, logé dans un crâne volumineux, permit le développe-ment rapide de facultés intellectuelles beaucoup plus puissantes que chez les parents et en général que chez l'espèce originelle. Cette particularité *a dû* se transmettre aux descendants, et comme elle présentait une importance très considérable dans la lutte pour l'existence, la nouvelle race *a dû* se maintenir, se propager et dominer. Le développement extraordinaire de l'intelligence *devait* nécessairement amener des perfectionnements dans le choix de la nourriture, perfectionnements qui aboutirent à l'art de préparer des aliments plus digestifs... les mâchoires devinrent moins déve-loppées que chez les singes anthropomorphes. (Suit, pour appuyer la thèse, l'exemple du calculateur Inaudi dont la mémoire s'est développée d'une façon brusque.) Les premiers hommes étaient *probablement* aussi des enfants géniaux, nés de parents anthropo-morphes, etc. »

matière, l'âme de l'homme peut agir indépendamment
des organes. C'est ce que veut dire Aristote quand il dit
que l'intellect est séparé « Τὸ μὲν γὰρ αἰσθητικὸν οὐκ ἄνευ σώμα-
« τος, ὁ δὲ χωριστός (1). Χωρισθεὶς δ' ἐστὶ μόνον τοῦθ' ὅπερ ἐστί, καὶ
« τοῦτο μόνον ἀθάνατον καὶ αἴδιον (2). »

« Une fois séparé, il est seulement ce qu'il est, et cela
seul est immortel et éternel. Et nous n'avons pas souve-
nir, après la mort, de notre existence antérieure, parce
que ce qui subsiste ainsi est impassible, tandis que l'intellect passible est périssable et que sans lui on ne pense
rien. »

Sans renouveler ici les interminables discussions sur le
νοῦς ποιητικός et le νοῦς παθητικός, nous ferons simplement
observer la profondeur de la pensée du philosophe.
Après la mort, nous n'avons pas la souvenance de notre
existence antérieure, parce que les facultés sensibles
dépourvues d'organes ne s'exercent plus, et que, du
monde entrevu, il ne reste que les idées abstraites, éternelles, immuables et nécessaires. Ces idées, cependant,
sont entrées dans l'âme par des facultés subordonnées à
une matière contingente et mobile. Et ici, à notre sens,
le νοῦς παθητικός, sans être absolument une des facultés
sensibles, en dépendrait tellement dans son exercice,
qu'il est juste de dire qu'il périt ou, mieux, cesse d'agir
quand elles cessent d'exister. Supprimez, en effet, l'imagination et, par le fait même, vous réduisez à l'impuissance ce que saint Thomas appelle l'intellect agent, et
Aristote, peut-être, le νοῦς παθητικός, sans que, pour cela,
ce qui a été acquis précédemment soit perdu pour l'intelligence.

(1) *De Anima*, II, cap. v, 429ᵇ, 5.
(2) *De Anima*, II, cap. v, 430ᵃ, 20.

De ce que nous avons des idées abstraites fort distinctes des images données par les sens, des idées qui ont le triple caractère d'universalité, de nécessité, d'éternité, et qui, par conséquent, ne correspondent à rien de sensible, il faut conclure que la faculté qui les produit ou la cause ne saurait être inférieure à son effet. Si l'effet, ou l'idée générale, est abstraite de toutes conditions individuantes et sensibles, *a fortiori* la cause.

Étant spirituelle, l'âme humaine ne peut venir que de Dieu par création.

Il est évident, en effet, qu'elle ne tient pas d'elle-même l'existence, que Dieu seul a l'aséité. Serait-elle une émanation de la divinité, comme le prétendent quelques-uns? Pas davantage.

La supposer produite par l'âme des parents, comme si elle n'en était qu'une partie détachée, ce serait mettre la divisibilité dans la simplicité. En faire la résultante de l'évolution des facultés sensibles, c'est poser en principe que le plus vient du moins, qu'il est possible de donner ce qu'on ne possède pas et confondre, contre toute expérience les facultés sensibles et les facultés intellectuelles. Donc, aucune cause créée ne lui pouvant donner l'être, l'âme humaine vient de rien, elle est *ex nihilo*, et Dieu seul peut la créer.

Mais alors, dira-t-on, comment sont produites les âmes des végétaux, les âmes des animaux? Nous répondrons qu'elles sont produites d'une façon conforme à leur nature. A la différence de l'âme humaine, elles sont concrétées uniquement dans la matière, elles n'ont aucune raison d'être sans elle. Elles résultent donc d'une certaine disposition de la matière effectuée par les parents. La faculté génératrice a précisément pour but de préparer, d'élaborer les éléments dont la combinaison fera le nouvel être, semblable aux générateurs. Ici donc, rien qui ne sorte de la matière, qui se fasse sans elle. C'est pourquoi saint Thomas a pu dire : « *Anima* « *sensitiva educitur e potentia materiæ in brutis* », et ailleurs, que cette âme était produite « *non per actionem* « *corporis, nec per decisionem animæ, sed per actionem* « *virtutis formativæ quæ est in semine ab anima gene-* « *rante* (1) ».

Comme il ne s'agit, en somme, que d'un être rivé à la matière, il suffit qu'un être semblable à lui puisse, par sa vertu, réaliser pour lui des conditions d'existence identiques.

« Τὸ ἄρρεν ἐστὶ τὸ τῆς αἰσθητικῆς ποιητικὸν ψυχῆς. Le mâle est « le facteur de l'âme sensitive (2). »

Ce n'est pas le cas pour l'homme ; nous l'avons vu, il y a en lui des facultés qui ne peuvent être le fruit d'aucune activité matérielle et qui appellent l'intervention créatrice.

Que l'âme humaine forme un tout, que ses facultés soient inséparables, c'est ce qui ne peut soutenir aucune contestation. Dans l'homme, en effet, la vie est le *substratum* nécessaire de la sensibilité, et la sensibilité la condition *sine quâ non* de l'intelligence.

Il n'y a qu'une âme qui exerce des opérations distinctes par des facultés spéciales. C'est la même âme qui fait que la plante se nourrit, s'accroît et se reproduit. C'est la même âme qui, dans l'animal, vit et sent, car, dès le commencement, nous l'avons dit, dès la première cellule, « l'embryon se nourrit de matières orga-

(1) *Quæstiones disp. de Pot.*, q. III, art. 11.
(2) *De Gen. Animal.* liv. II, cap. v, 740, 30.

niques et non, comme le végétal, de fluides inorganiques (1). »

La question, dès lors, se pose avec netteté pour l'âme
humaine.

Est-elle l'unique forme substantielle du corps humain?
Dès qu'il y a fécondation, l'âme humaine, avec toutes
ses facultés végétatives, sensitives et raisonnables, est-
elle présente ? Ou bien, faut-il admettre, comme le
veulent quelques-uns, d'abord une âme végétative, puis,
celle-ci disparaissant, une âme sensitive, et enfin, à la
place des deux autres, l'âme humaine définitive ? Est-ce,
en un mot, l'âme raisonnable qui, par sa faculté végétative, a dirigé la construction du corps humain, en a
formé, comme forme substantielle, la substance très
déterminée, puis l'organisme spécial ? Est-ce la même
âme qui parut à l'instant de la fécondation, qui se
retrouve dans le fœtus de l'enfant, dans l'adulte, mais
alors capable d'abstraire, de raisonner, de juger ? Ou
bien l'homme a-t-il possédé plusieurs âmes, dont la dernière résume les autres ?

(1) Milne-Edwards, déjà cité.

CHAPITRE VI.

Réponse d'Aristote.

Platon admettait la préexistence des âmes et prétendait qu'elles sont unies au corps par infusion au moment de la naissance.

Nous n'avons pas à faire la critique d'une théorie que pas un philosophe, pas un physiologiste, quelque peu compétent, n'oserait soutenir aujourd'hui.

Mais il nous faut étudier de près l'opinion d'Aristote, parce qu'il est intéressant de savoir comment le Stagirite ayant posé le problème a tenté de le résoudre.

« D'où vient l'intelligence, à quel moment, de quelle manière vient-elle dans les êtres qui y participent ? C'est là une question des plus difficiles (1). »

Difficile, en effet, et probablement pas résolue avec évidence par le philosophe, puisque, aujourd'hui encore, des auteurs sérieux attribuent à Aristote une doctrine qu'il n'a jamais eue ou, du moins, exprimée dans les termes qu'on lui prête.

Nous lisons dans un auteur de l'an 1766, l'abbé Dinouart, ces paroles : « C'est Aristote qui a, le premier, fixé l'animation au quarantième jour pour les garçons. Saint Augustin et tous les théologiens, d'après saint Thomas, ont adopté le sentiment d'Aristote qui a le plus grand crédit dans l'École jusqu'en 1640, que Thomas

_____

(1) *De Gen. anim.*, liv. II, cap. III, 736-26.

Fienius entreprit de le renverser. Aristote dit que le
fœtus mâle est complètement organisé au quarantième
jour et qu'il est du volume d'une grosse fourmi..... Ce
fœtus devait d'abord être considéré comme plante et
ensuite comme animal avant de passer à la condition
d'homme. Toutes les universités, excepté celle de
Coïmbre, ont rejeté l'opinion d'Aristote sur la succession
des âmes (1). »

Et dans un ouvrage plus récent, que nous citons simplement à titre d'exemple, Mgr Lorenzelli prend à partie
assez rudement ce Thomas Fienius, médecin de Louvain,
qui a osé combattre Aristote. Il eût peut-être été plus
pratique de voir ce que le Stagirite a écrit sur ce sujet, et
en particulier le passage sur lequel on s'appuie spécialement. Voici ce texte, qui est tiré de l'*Histoire des animaux*, livre VII, chap. III : « Quand la grossesse est certaine, la première sensation que la femme en ait se
manifeste dans ses flancs..... D'ordinaire, quand c'est un
garçon qui est conçu, le mouvement commence à se faire
sentir vers le quarantième jour à droite ; c'est à gauche,
et vers le quatre-vingt-dixième jour, quand c'est une
fille. Du reste, on ne peut pas prétendre en ceci à une
fort grande exactitude ; car, bien souvent, les femmes
enceintes d'un garçon sentent remuer à gauche. Tous
ces détails et autres symptômes analogues diffèrent généralement en plus et en moins. C'est aussi vers la même
époque que le fœtus commence à se diviser, c'est-à-dire
se précise : σχίζεται τὸ κύημα. Antérieurement et jusque-là,
il n'a été qu'une masse de chair, sans aucun membre
distinct. Jusqu'à sept jours après la conception, l'avor-

(1) *Embryologie sacrée*, 1766, par l'abbé Dinouart. 2ᵉ éd. approu-
vée par l'Académie royale de chirurgie, p. 25.

tement du fœtus s'appelle une perte ; jusqu'au quarantième, on dit que la femme a été blessée, et c'est dans cet espace de jours que la plupart des fœtus sont détruits. Si un fœtus mâle sort à quarante jours et qu'on le mette dans un autre liquide que de l'eau froide, il se dissout et disparaît ; mais si c'est dans de l'eau froide, il y reste condensé comme dans une membrane. Quand on ouvre cette membrane, l'embryon y apparaît de la grosseur des grandes fourmis. On y distingue déjà les membres, tous ses autres organes et même les parties honteuses. Les yeux sont très grands, comme sur tous les autres animaux. Si c'est un fœtus femelle qui périt avant trois mois, il paraît, en général, tout à fait informe ; s'il peut atteindre le quatrième mois, il est alors divisé en membres ; et, en peu de temps, il prend toutes ses divisions.

« On le voit donc, le fœtus femelle se développe dans toutes ses parties et s'achève plus lentement que le fœtus mâle... »

Nous avouons ne pas trouver dans ces lignes qu'Aristote ait fixé l'animation au quarantième jour pour les garçons et au quatre-vingt-dixième jour pour les filles. Il dit que c'est vers ce temps que les fœtus commencent à être sentis par la mère, parce qu'ils seraient alors capables d'effectuer quelques mouvements. Il dit qu'à ce moment, on peut déjà distinguer les membres, même le sexe masculin. Toutes choses qui supposent plutôt l'animation antérieure, et qui seraient même en contradiction avec ce qui précède sur la masse de chair informe observable au quarantième jour. Aristote va même plus loin que la science moderne, qui ne se prononce pas sur les sexes avant le troisième ou quatrième mois.

Il nous semble donc qu'il est mieux de ne pas introduire dans le débat un texte qui, s'il prouve quelque chose, prouve exactement le contraire de ce qu'on lui a fait dire depuis si longtemps.

Il nous reste à voir si, pourtant, la succession des âmes végétative, sensitive et raisonnable a été formellement enseignée par le philosophe.

La théorie de la matière et de la forme ne postule pas nécessairement cette succession. Car la forme étant l'acte premier de la matière, l'activité qui constitue un être dans son essence; il est juste de dire que la forme est supérieure à la matière et qu'elle doit avoir, dès l'origine, d'autant plus de perfections qu'il lui faut réaliser un type plus parfait.

Mais ces perfections, quoique réelles dès le début, ne se peuvent manifester toutes à la fois, ni sur n'importe quelle matière. Supérieure par son essence, son activité est, néanmoins, soumise à des lois. Elle règne à condition de les utiliser. Voilà pourquoi, dans les diverses dispositions qu'elle donne à la matière, elle déploie successivement ses aptitudes. Tout en ne donnant que ce qu'elle a, elle est d'autant plus incapable de tout donner à la fois, que le terme de son activité est plus relevé. Elle est donc en acte pour ce qu'elle produit et en puissance pour ce qu'elle peut produire et, je dirai même, pour ce qu'elle doit produire. Car, ne confondons jamais ce qui est en puissance avec ce qui est possible. Tout ce qui est en puissance est possible, mais la réciproque n'est pas vraie.

Voilà bien le fond de la théorie aristotélicienne. Un être ne sort d'un autre que parce qu'il est en puissance dans cet autre. Une forme substantielle particulière le mènera à la même perfection que le générateur, parce qu'elle a ce pouvoir dès l'instant où les conditions requises à son apparition ont été remplies. Quelque chose qui était un acte ne sera plus, et quelque chose qui n'était qu'en puissance sera. *Corruptio unius est generatio alterius, et generatio unius est corruptio alterius.*

Tout d'abord, dans l'animal, Aristote admet-il une succession d'âmes, l'âme sensitive vient-elle succéder à l'âme végétative ? Nous écartons la théorie qui ferait de l'une l'évolution de l'autre, et comme, dans un même être, il ne peut y avoir, à la fois, deux formes substantielles en acte, il est de toute nécessité que l'une expulse l'autre, et d'autant mieux qu'elle en a les perfections. Car l'animal vit et sent. « C'est le mâle », dit Aristote, « qui, au moment de la conception, produit l'âme sensitive. Τὸ ἄρρεν ἐστὶ τὸ τῆς αἰσθητικῆς ποιητικὸν ψυχῆς (1). »

« Quant à l'âme », dit Aristote, « qui distingue l'animal « et lui vaut cette appellation, car il n'y a réellement « d'animal que la partie sensible de l'âme, il faut savoir « si elle réside ou ne réside pas dans le sperme et dans « l'embryon, et d'où elle vient.

« Il est impossible, en effet, de considérer l'embryon « comme étant sans âme et absolument privé de toute « espèce de vie, car les spermes et les embryons des « animaux vivent tout aussi bien que les graines des « plantes, et, jusqu'à un certain point même, ils sont « capables de fécondité. Il est donc évident qu'ils ont « l'âme nutritive et que, bientôt aussi, ils ont l'âme sen- « sible qui fait l'animal. Que l'âme nutritive soit de toute

(1) *De Gen.*, liv. II, cap. v, 740, 30.

« nécessité, celle qu'on doit supposer la première, c'est
« ce qu'on peut voir clairement d'après ce que nous
« avons dit ailleurs de l'âme (1). »

La pensée du Philosophe nous paraît être celle-ci. Dans
l'animal, dès le principe, il doit y avoir une âme sensible, autrement il ne se distinguerait ni de la plante qui
vit, ni de ses éléments, à savoir le sperme et l'ovule qui
vivent aussi et sont capables de fécondité, mais ne sont
point des animaux pour cela (2). Cependant ils doivent
vivre, autrement la fécondation qui fera l'animal serait
impossible.

Qu'est-ce qui disparaît ? Ce sont les formes substantielles des éléments. Il n'y a plus de sperme, plus d'ovule,
il n'y a plus, en un mot, d'être simplement vivant ; il y a
un animal.

Donc, pas de succession d'âme dans un même être,
mais un animal nécessairement vivant et supposant pour
commencer d'être des principes vivants. L'âme nutritive
est donc la première, c'est vrai ; mais elle n'est seule
que lorsqu'il n'y a pas encore d'animal, c'est-à-dire avant
la fécondation, dans les éléments. Après la fécondation,
l'embryon vit, non pas en vertu d'une âme végétative
expulsée, mais par la puissance d'une âme sensible
réalisée.

Que ce soit la pensée d'Aristote, nous n'avons qu'à
nous reporter au traité de l'âme dont nous avons déjà
parlé (L. II, cap. II). La citation est formelle, et c'est,
sans doute, à ce passage qu'Aristote fait allusion dans
les lignes précédentes, au sujet de la vie végétative : « Il

---

(1) *De Gen. anim.*, liv. II, cap. III, 736, 10-20.
(2) « Il est clair que le sperme a une âme et qu'il est âme en
puissance. » (*De Gen. anim.*, liv. II, cap. I, 734, 13.

est possible », dit-il, « que ce mode de vie existe séparé des autres, mais il est impossible que les autres soient sans celui-là, au moins chez les êtres mortels.

« Cela est évident si l'on considère les êtres qui n'ont que de la croissance ; ils ne possèdent, en effet, aucune autre faculté de l'âme. C'est donc par l'inhérence de ce principe que la vie appartient primitivement aux vivants ; mais ce qui constitue primitivement l'animal, c'est la sensation. Car des êtres qui ne se meuvent pas et qui ne changent pas de position dans le lieu, mais qui possèdent la sensibilité, nous disons qu'ils sont des animaux, et non pas seulement qu'ils vivent.

« S'il n'y a rien de l'âme qui ne doive être aussi dans une certaine partie du corps, il faut que, dès l'origine, cette partie soit immédiatement animée par l'âme (1).....
Que toutes les parties du corps ne soient pas formées en une fois, c'est ce que la moindre observation sensible nous fait voir. Dès le premier instant, certains organes se montrent, tandis que d'autres n'apparaissent pas encore. Et qu'on ne dise point que c'est à cause de leur petitesse qu'on ne les aperçoit pas ; car le poumon, qui est plus gros que le cœur, ne se rencontre qu'après le cœur dans ces premiers développements de la génération. »

Et plus loin : « L'être qui en fait un autre n'a pas en lui-même les parties de l'être qu'il fait..... De même donc que, dans les automates, telle partie donne le mouvement sans rien toucher actuellement, mais parce qu'elle a touché antérieurement ce qu'elle meut ; de même l'être d'où vient le sperme, ou qui a fait le sperme, a bien

(1) *De Gen.*, liv. II, cap. 1, 734.

touché quelque partie, mais il ne la touche plus actuellement, ou plutôt, c'est le mouvement qui est en lui qui a
touché, tout comme c'est l'art de l'architecte qui met la
construction de la maison en mouvement (1). »

Il est impossible de dire mieux, que ce n'est pas l'âme
des parents qui passe dans celle des enfants et qui construit le nouveau corps, ni que ce corps n'existe pas formé
tout entier, même infime, après la fécondation. C'est la
conclusion d'Aristote. « Il est donc certain qu'il existe
en ceci quelque chose qui fait et produit l'être, sans que
ce soit en tant qu'être déterminé, ni en tant qu'être
préalablement et absolument accompli (2). »

« Ce n'est pas d'un seul coup », dit encore le Philosophe, « que l'être devient animal et homme, animal et
cheval..... Ce qui vient en dernier lieu, c'est le complé-
ment qui achève l'être ; et ce qui est *propre* à l'animal
est la fin même de la génération de chacun des animaux (3). »

Donc, chaque animal ayant sa fin qui l'établit dans des
propriétés spéciales, ses facultés ne font que passer en
acte, il y a progrès à mesure que se forment, sous leur
direction, les organes nécessaires à leur fonctionnement.
Et nous trouvons ici une confirmation de ce qui a été dit
plus haut.

« Au premier moment, tous ces êtres ne semblent
avoir que la vie de la plante. Il est, du reste, bien entendu
qu'après cette première âme, nous aurons à parler de
l'âme sensible et de l'âme douée d'entendement ; car il
faut nécessairement que les êtres aient toutes ces sortes

(1) *De Gen.*, liv. II, cap. i, 734-35.
(2) *De Gen.*, *animal*, liv. II, cap. i, 734, 35-40.
(3) *De Gen.* lib. II, cap. iii, 736, 20-25.

d'âmes en puissance, avant de les avoir en réalité.
πάσας γὰρ ἀναγκαῖον δυνάμει πρότερον ἔχειν ἢ ἐνεργείᾳ (1). »

Il ne saurait être ici question de succession d'âmes,
mais d'âmes en puissance avant d'être en acte, c'est-à-
dire réellement existantes, mais pas encore agissantes,
et le Philosophe a bien soin de différencier l'âme nutritive du sperme non séparé d'avec l'âme nutritive du
sperme séparé. Vivant de sa propre vie dans le mâle, il
n'est cependant pas animal, mais en puissance de le
devenir après la fécondation. C'est pourquoi nous retrouvons dans l'animal une âme unique ayant plusieurs facultés, et l'interprétation de ces pages d'Aristote nous
porte à admettre une âme développant successivement
des facultés multiples.

C'est encore à lui que nous faisons appel : « L'âme est
« le principe des divers genres de vie que nous avons
« indiqués, et c'est par eux qu'elle se définit, c'est-à-dire
« par les facultés nutritive, sensitive, dianoétique et le
« mouvement (2). Chacune de celles-ci est-elle une âme
« ou une partie de l'âme, et si c'est une partie de l'âme,
« l'est-elle de façon à n'être séparable que logiquement,
« ou bien à l'être aussi dans le lieu ?..... En ce qui con-
« cerne l'intellect, il n'y a encore rien d'évident...Quant
« aux autres parties de l'âme, il est évident, d'après ce
« qui précède, qu'elles ne sont pas séparées, comme cer-
« tains le pensent. Mais que, logiquement, elles soient
« différentes, c'est ce qui apparaît clairement (3). »

Enfin, dans le chapitre vi du livre II, *De la génération*

---

(1) *De Gen.*, lib. II, cap. III, 736, 34 et suivants.
(2) Cf. Arist., *De An.* B. 3,414ᵃ 31-32.
(3) *De anima*, II, c. II, 413ᵇ, 10 et sq.q.. Τούτοις ὥρισται (ἡ ψυχή) θρεπτικῷ, αἰσθητικῷ, διανοητικῷ, κινήσει.

des animaux, nous trouvons ces lignes qui éclairent d'une façon admirable la pensée du Philosophe :

« Quand l'embryon a pris de la consistance, il se con-
« duit, à peu près, comme les graines qu'on a semées en
« terre ; car le principe premier du végétal se trouve
« aussi dans les semences elles-mêmes. Mais lorsque le
« principe, après n'avoir été qu'en puissance d'abord,
« vient ensuite à s'organiser, il en sort à la fois la tige
« et la racine ; et l'on sait que c'est par la racine que le
« végétal prend la nourriture qui est nécessaire à son
« développement. De même, tous les organes sont en
« puissance dans l'embryon, mais c'est surtout le prin-
« cipe qui est près de se manifester. Voilà comment, en
« fait, c'est tout d'abord le cœur qui se distingue dans
« l'animal ; et c'est ce dont on peut s'assurer, non pas
« seulement par l'observation sensible, qui constate que
« les choses se passent bien ainsi, mais encore par la
« réflexion. En effet, quand l'embryon s'est détaché des
« deux parents, il doit avoir une existence à part et par
« lui-même, comme doit se suffire un enfant mis par son
« père hors de la maison. Il faut, par conséquent, qu'il
« possède dès lors le principe d'où sort plus tard, pour
« les êtres vivants, l'organisation régulière de leur corps ;
« *car, si ce principe devait lui venir du dehors pour entrer*
« *dans l'embryon à une époque postérieure, non seule-*
« *ment on aurait à se demander à quel moment ce prin-*
« *cipe pourrait survenir, mais on peut affirmer qu'il y a*
« *nécessité qu'il existe préalablement, dès que chacune*
« *des parties de l'embryon vient à s'organiser, puisque*
« *c'est de ce principe que tous les organes doivent*
« *recevoir leur croissance et leur mouvement* (1). »

(1) *De Gen*. an., II, c. II, 739, 35 55.

Sans doute, ce principe prochain dont parle le Philosophe, c'est le cœur ; et la chose est physiologiquement juste, mais il n'est pas contestable qu'il ait aussi l'âme en vue.

« C'est l'âme nutritive », dit-il à la fin du chapitre, ou plutôt la faculté nutritive qui produit par la nourriture l'accroissement des animaux et des plantes, « c'est « elle qui constitue également, dès le début, l'être que « crée la nature..... elle est précisément la nature de « chacun des êtres qui se retrouve essentiellement inhé- « rente à toutes les plantes et à tous les animaux, tandis « que les autres parties de l'âme se trouvent dans tels « animaux et ne se trouvent pas dans tels autres (1). »

La faculté nutritive dans l'animal n'est donc qu'une partie de l'âme, la première à exercer ses opérations, mais nullement séparable en fait de la sensibilité qui fait l'animal. Faisant de l'âme la forme substantielle du corps, Aristote a donc raison de dire : « Puisque l'âme est primordialement et au sens propre du mot, ce par quoi nous vivons, nous pensons et nous sentons, il en résulte que l'âme est une forme et non pas la matière et le sujet. En effet, la substance pouvant s'entendre, comme nous l'avons dit, en trois acceptions dont l'une désigne la forme, l'autre la matière, la troisième l'ensemble de la matière et de la forme ; et, de ces trois choses, la matière étant la puissance et la forme l'acte ; puisque l'être animé est l'ensemble de la matière et de la forme, ce n'est pas le corps qui est l'acte de l'âme, mais c'est elle qui est l'acte de telle espèce de corps. Par conséquent, c'est une opinion juste que celle des penseurs qui

---

(1) *De Gen. an.*, II, c. II, 740, 19.

admettent que l'âme ne peut être ni sans le corps, ni un corps ; car elle n'est pas le corps, mais elle est quelque chose du corps. Et c'est pour cela qu'elle réside dans le corps et dans tel corps, et qu'il n'en est pas, comme le croyaient des philosophes antérieurs qui adaptaient l'âme au corps sans déterminer la nature et les qualités de celui-ci ; et cependant il est manifeste que n'importe quelle chose ne peut pas servir de réceptacle à n'importe quelle autre.

« La même conclusion résulte aussi du raisonnement : car l'acte de chaque chose doit naturellement se produire dans ce qui est cette chose en puissance et dans la matière appropriée. Il est donc évident, d'après ce qui précède, que l'âme est un certain acte et la forme substantielle de ce qui possède la puissance d'être tel en acte (1). »

C'est donc bien l'âme qui donne l'être au corps, qui le constitue dans son être spécial de corps humain. Et parlant des mythes pythagoriciens, Aristote plaisante ceux qui prétendent que n'importe quelle âme peut revêtir n'importe quel corps, opinion insoutenable, « car il semble que chaque corps ait son essence et sa forme particulières. Mais ils parlent à peu près comme celui qui dirait que l'art du charpentier peut descendre dans des flûtes. L'art doit, en effet, se servir des outils appropriés, et l'âme du corps (2). »

A chaque instant, dans ses œuvres, Aristote revient sur cette idée d'une cause dirigeante de l'activité, cause opposée au hasard qui n'explique rien : « Pourquoi l'homme n'engendre-t-il que l'homme? Pourquoi ne

(1) *De Anima*, II, c. ii, 414ª, 6-28.
(2) *De Anima*, I, c. iii, 407ᵇ.

cueille-t-on pas l'olive sur des épis de blé? » C'est qu'il y a de l'ordre dans les choses. Il faut lire cet admirable chapitre VIII° du livre II de la *Physique*, où Aristote bannit le hasard des explications vraiment scientifiques de la nature. « Il y a des faits », dit-il, « qui se produisent régulièrement et dans les mêmes circonstances, et qu'il n'est pas permis de considérer comme de simples coups de hasard. « Ταῦτα γὰρ πάντα τὰ φύσει ἢ ἀεὶ οὕτω γένεται ἢ ὡς ἐπὶ τὸ πολύ, τῶν δ' ἀπὸ τύχης καὶ τοῦ αὐτομάτου οὐδέν (1). »

« La nature a une fin, comme l'art lui-même, ὥστ' εἰ ἐν τῇ τέχνῃ, ἔνεστι τὸ ἕνεκά του, καὶ ἐν φύσει (2). » Peu importe que les causes soient apparentes ou cachées, elles existent, dans un cas comme dans l'autre. Et pour ce qui est de l'âme, elle est bien la cause qui construit le corps, elle est bien l'artiste qui le façonne pour l'utiliser. Ἔστι δὲ ἡ ψυχὴ τοῦ ζῶντος σώματος αἰτία καὶ ἀρχή (3). Et tout le chapitre IV du περὶ ψυχῆς n'est que le développement de cette idée.

« L'âme nutritive, en effet, fait partie des autres âmes ; elle est la première et la plus générale faculté de l'âme, πρώτη καὶ κοινοτάτη δύναμίς ἐστι ψυχῆς (4), et c'est grâce à elle que la vie appartient à tous les êtres qui en sont doués. Or, la génération et l'usage de l'aliment sont les fonctions de cette faculté. Car, pour tout être vivant qui a atteint son développement normal et qui n'est pas incomplet... la plus naturelle des fonctions est de réaliser un autre être semblable à lui, l'animal un animal et la plante une plante, τὸ ποιῆσαι ἕτερον οἷον αὐτό, ζῷον μὲν ζῷον,

(1) *Phys.*, II, 8, 38.
(2) Ibid., *in fine*, II, c. VIII, 199, 6.
(3) *De Anima*, II, c. IV, 415ᵇ, 8.
(4) *Ibid*, II, c. IV, 415ᵃ, 10.

φυτὸν δὲ φυτόν, afin de participer, comme ils peuvent le faire, à l'éternel et au divin..... (1) ».

Et cette participation se traduit, pour le Philosophe, dans la pérennité non des individus, mais des espèces.

Et, après tant de siècles, n'est-il pas admirable d'entendre comme un commentaire de ces paroles, dans ce beau langage de Claude Bernard :

« Nous n'assistons pas à la création de l'œuf *ex nihilo ;* il vient des parents, et l'origine de sa virtualité évolutive nous est cachée ; mais, chaque jour, la science remonte plus haut vers ce mystère. C'est par le germe et en vertu de cette puissance évolutive qu'il possède, que s'établissent la perpétuité des espèces et la descendance des êtres (2). »

Cause et principe du corps vivant, l'âme est aussi le principe de son mouvement, car elle est la forme substantielle des corps animés, « Καὶ ὡς ἡ οὐσία τῶν ἐμψύχων σωμάτων ἡ ψυχὴ αἰτία (3). » Pour qu'elle atteigne sa fin, tous les corps naturels lui servent d'instruments.

Principe de la locomotion, qui n'appartient pas cependant à tous les vivants, l'âme est aussi le principe de la sensation, impossible de sentir sans elle ; mais c'est la faculté nutritive qui conserve l'animal. Privé de nourriture, celui-ci ne peut pas subsister. Διὸ στερηθὲν τροφῆς οὐ δύναται εἶναι. (4). »

Enfin, Aristote, rappelant ses théories de l'acte et de la puissance et les appliquant aux facultés de l'âme, dit : « Lorsque l'animal a été engendré, alors il possède la

(1) *De Anima*, II, c. iv, 415ᵃ, 29.
(2) Cl. Bernard, *Science expérimentale*, p. 208.
(3) *De Anima*, II, c. iv, 415ᵇ, 11
(4) *De Anima*, II, c. iv, 416ᵇ, 19.

sensibilité de la même façon que le savant possède la
science qu'il ne contemple pas actuellement. Quant à la
sensation en acte, elle est analogue à la contemplation
actuelle de la science (1). »

Et encore : « Ce qui a lieu dans le cas de l'âme est
analogue à ce que nous constatons en ce qui concerne
les figures. Car, dans la série des figures, comme dans
celle des êtres animés, l'antérieur est toujours contenu
en puissance dans ce qui vient ensuite ; c'est ainsi que le
triangle est en puissance dans le carré et l'âme nutritive
dans l'âme sensitive, οἷον ἐν τετραγώνῳ μὲν τρίγωνον, ἐν αἰσθητικῷ
δὲ τὸ θρεπτικόν. Par suite, il faut étudier en particulier
quelle est l'âme de chacune des catégories des êtres
animés; par exemple, quelle est celle de la plante et
celle de l'homme ou de l'animal (2). »

De l'étude de tous ces textes, il résulte clairement
qu'Aristote n'a jamais entendu la succession des âmes ni
dans l'animal, ni dans la plante. Le semblable n'engendre
que le semblable. Il n'y a en chacun qu'une seule âme
avec plusieurs puissances intimement unies et rattachées
à l'essence de l'âme pour mener l'être à une fin déterminée.

« Ainsi, dit M. C. Piat dans son beau livre sur *Aristote* (3), le règne vivant se diversifie à l'infini. Mais cette
diversité n'enferme rien qui soit abandonné au hasard :
la finalité est toujours là qui mesure tout, proportionne
tout en subordonnant le moins bon au meilleur. De plus,
cette diversité ne présente rien de brusque ni de totale-
lement inattendu : tout s'y fait par certaines transitions

(1) *De Anima*, II, c. v, 417ᵇ, 16.
(2) *Ibid.*, II, c. iii, 414ᵇ, 27-35.
(3) *Aristote*, par Claudius Piat. — Alcan, Paris, 1903. III, c. ii, p. 161

insensibles, où le supérieur rappelle l'inférieur en l'enri-
chissant comme d'une note nouvelle. L'unité dans la
constante variété, l'eurythmie que l'on aime à trouver
dans un bel instrument de musique : voilà le trait domi-
nant de l'éternelle et intelligente nature.

Cette théorie d'Aristote est-elle comme une première
ébauche de l'évolutionisme? On serait tenté de le croire
au premier abord, à voir la manière dont il parle de la
continuité et de l'analogie. Mais on se détrompe bien
vite quand on regarde aux grandes lignes de sa métaphysique. La cause première étant immuable enveloppe
éternellement la même efficacité, la même force d'expansion au dehors comme au dedans; par suite, la nature
donne toujours tout ce qu'elle peut donner : il n'y a pas
de marche en avant. Ce n'est point que les formes ne
tendent à monter; par elles-mêmes, elles ne sont pas
des types immobiles, comme on l'a dit souvent. Au contraire, elles travaillent toutes à se délivrer en se puri-
fiant de plus en plus, à conquérir quelque nouveau degré
de perfection; et, si rien ne s'opposait à l'énergie interne
qui les pousse, elles iraient se perdre d'un coup dans
l'acte pur : il n'y aurait plus que la pensée de la pensée.
Mais la matière est là qui résiste à leur amour du meilleur; et cette résistance les arrête toujours au même
degré, vu que rien ne change dans le principe auquel le
ciel et la terre sont suspendus. Reste donc que la nature
réalise à nouveau les formes que la mort a détruites :
elle ne fait que réparer ses pertes. »

Parlant de l'âme humaine, et spécialement de l'intelligence, le Stagirite avoue qu'ici la question est pleine de
difficultés. Ne pouvant faire venir cette faculté supérieure d'une évolution des facultés inférieures, ne trou-

vant pas, d'ailleurs, dans la matière la raison d'être de
l'intellect inorganique, il nous le représente comme
séparé. Mais nous avons vu ce que cela signifie. Il n'y a
quand même qu'une seule âme dont une faculté se distingue des autres, comme l'éternel du périssable, et c'est
pourquoi, après la séparation, nous n'avons aucun sou-
venir de notre existence antérieure. Il a défini l'âme
humaine par le mouvement dans le lieu, la pensée et la
sensation, mais il maintient contre les anciens que la
sensation et la pensée, pour être dans une même âme,
ne sont pas identiques. « ὅτι μὲν οὖν οὐ ταὐτόν ἐστι τὸ αἰσθάνεσθαι
« καὶ τὸ φρονεῖν (1). Et cependant, que l'une soit la condi-
« tion de l'autre, c'est incontestable, διάνοια οὐ γίγνεται ἄνευ
« αἰσθήσεως (2). »

L'une pourtant a sa raison d'être dans la matière, « elle
ne saurait exister sans le corps, pas plus que la marche
sans les jambes qui marchent (3); » et l'autre, absolument
inorganique, ne peut venir que du dehors. Τὸ μὲν γὰρ αἰσθητικὸν οὐκ ἄνευ σώματος, ὁ δὲ χωριστός (4).

Il faut conclure, dit Aristote, que l'âme pensante vient
du dehors, et que, seule, elle a quelque chose de divin,
car son action propre n'a rien de commun avec une action
corporelle. Λείπεται δὲ τὸν νοῦν μόνον θύραθεν ἐπεισιέναι, καὶ θεῖον
εἶναι μόνον· οὐδὲν γὰρ αὐτοῦ τῇ ἐνεργείᾳ κοινωνεῖ σωματικὴ ἐνέργεια (5).

Mais puisqu'il vient de dire que la pensée ne peut
exister sans la sensation, il ne peut que rattacher à une
même essence ce qui fait sentir et penser. La notion de
créateur étant inconnue au Stagirite, cet intellect qui

(1) De Anima, III, c. III, 427ᵇ, 7.
(2) Ibid., III, c. III, 427ᵇ, 15.
(3) De Genes. Anim., liv. II, c. III, 736, 47.
(4) De Anima, III, c. IV, 429ᵇ, 5.
(5) De General. Animal., II, c. III, 736, 51, etc.

vient du dehors, de qui procède-t-il? D'un corps plus divin que ce qu'on appelle les éléments. Πάσης μὲν οὖν ψυχῆς δύναμις ἑτέρου σώματος ἔοικε κεκοινωνηκέναι καὶ θειοτέρου τῶν καλουμένων στοιχείων. La force de toute âme paraît donc venir d'un autre corps et d'un corps plus divin que ce qu'on appelle les éléments.

« Mais comme les âmes diffèrent les unes des autres par leur dignité plus ou moins haute, la nature des éléments ne diffère pas moins (1). »

Tout ceci, évidemment, ne laisse pas que d'être assez obscur, et l'on aimerait à savoir ce que peut bien être ce corps plus divin que ce qu'on appelle les éléments, ce corps ou cette substance d'où vient l'âme, non pas comme d'une émanation, mais comme d'une cause. Le vague de l'expression traduit ici l'embarras du Philosophe, qui rangeait parmi les éléments incorruptibles l'élément des astres; de là l'analogie qu'il établit entre le souffle ou l'esprit, qui est renfermé dans le sperme, et cet élément.

Ignorant la création, il ne pouvait guère traduire autrement sa pensée, et il faut lui savoir gré d'avoir maintenu que l'âme raisonnable ne vient pas de la génération, mais du dehors, d'en haut, du divin. Et que, dans les êtres doués d'entendement, ce qui fait la génération est en partie séparé du corps, mais en partie il n'en est pas séparé. « Ce qui fait la génération, ce en quoi se trouve le principe psychique, est en partie séparé du corps, dans les êtres où est renfermée quelque parcelle divine ; et c'est bien une parcelle divine que ce qu'on nomme l'intelligence, mais en partie il n'en est pas séparé : Τὸ δὲ

(1) *De Anim. Gen.*, II, c. III, 736, 1-6.

τῆς γονῆς σῶμα, ἐν ᾧ συναπέρχεται τὸ σπέρμα τὸ τῆς φυσικῆς ἀρχῆς, τὸ μὲν χωριστὸν ὂν σώματος, ὅσοις ἐμπεριλαμβάνεται τὸ θεῖον (τοιοῦτος δ' ἐστὶν ὁ καλούμενος νοῦς), τὸ δ' ἀχώριστον (1). » Il ne faut donc pas faire dire à Aristote ce qu'il n'a pas enseigné, et ce serait maintenant émettre une hypothèse en contradiction avec toute sa philosophie que de prétendre que l'intelligence vient se surajouter du dehors à un être déjà constitué animal.

Ce ne serait là qu'une union accidentelle, aussi intelligible, par le raisonnement que par l'expérience. Car il n'y a qu'une âme principe du corps, ἀρχὴ σώματος, et l'union entre ses facultés est des plus intimes. Pas de sensation sans vitalité, pas d'intellection sans la sensation. Aristote distingue fort bien les parties de l'âme, de l'âme qui exerce des opérations diverses par des facultés distinctes.

En résumé, rien ne prouve qu'Aristote ait admis une succession quelconque d'âmes dans l'homme. L'animation au quarantième jour, qui lui a été attribuée, ne saurait être soutenue. Et tout ce que nous avons cité peut être aussi bien interprété dans le sens d'une animation immédiate du corps humain par l'âme raisonnable. L'homme se distinguant des êtres inférieurs par la raison, le principe qui le fait tel doit être raisonnable. Et comme l'expérience et la raison démontrent que ce principe contient les perfections des êtres inférieurs, qu'on ne peut les lui enlever sans le détruire ou le réduire à l'impuissance, il ne fait qu'un avec elles. Cette unité d'essence a des activités multiples, et de ce qu'elle les exerce successivement et dans la mesure de ses besoins ou des circonstances, on ne peut conclure qu'en faveur de sa perfection.

C'est vraisemblablement la conclusion d'Aristote.

(1) *De Gen. Anim.*, II, cap. III, 736, 18-21.

CHAPITRE VII.

Réponses de saint Thomas.

§ 1. — 1re Réponse.

Y a-t-il, sur cette question de l'unité de forme substantielle dans l'homme, un parfait accord entre Aristote
et saint Thomas ?

Nous ne le croyons pas ; et si quelques-uns, habitués à
étudier le maître dans le disciple, n'ont fait aucune distinc-
tion entre la doctrine du Stagirite et celle du Docteur
angélique, ils ont manqué ou d'attention ou de critique.

Le P. Liberatore (1), tout en expliquant fort bien que
l'âme raisonnable est l'unique forme substantielle du
corps humain, ne la fait arriver, toujours d'après la
prétendue formule aristotélicienne, que le trentième ou
quarantième jour, quand l'hôtellerie est prête, dit-il. Il
s'évertue à démontrer qu'à ce moment là, l'âme raisonnable est tout à-fait capable d'exercer des opérations
vitales et sensitives, et qu'elle les exerce. Mais il glisse
assez rapidement sur les textes formels où saint Thomas
affirme la succession positive des trois âmes, et il en
cite beaucoup d'autres où l'unité est explicitement
enseignée (2).

(1) P. Liberatore : *Du Composé humain*, cap. VI, art. VII.
(2) C'est aussi, autant qu'on peut en juger, l'opinion de
Mgr Mercier. Le savant auteur a si brièvement traité la question
qu'on se demande s'il connaît la doctrine si nette de saint Thomas
sur la succession des trois âmes, — ou bien l'admettrait-il ?.....
(Mercier, *Cours de Philosophie*, tome II, p. 472, 2e édition.)

Mgr Lorenzelli ne distingue pas davantage entre
Aristote et saint Thomas, et rapportant fidèlement la
doctrine du Docteur angélique, il la défend avec des
arguments, dont nous étudierons plus tard la valeur,
mais en même temps, il croit soutenir une thèse purement aristotélicienne (1).

Nous allons donc exposer simplement et exactement
la thèse du saint Docteur, et nous montrerons, sans
négliger le secours des textes, qu'il ne s'est pas contredit, quand il enseigne une succession positive d'âmes
dans l'homme, en même temps que l'unité de forme
substantielle. Comme la véritable pensée de saint
Thomas se retrouve spécialement dans sa *Somme théologique*, nous ne multiplierons pas les citations, mais
celles que nous produirons ne peuvent laisser place à
aucune équivoque.

En réponse à cette question : « Le principe intellectuel
est-il uni au corps comme sa forme ? » saint Thomas
affirme, à la suite d'Aristote « que l'intellect, principe
de toute opération intellectuelle, est la forme du corps
humain. Ce par quoi une chose accomplit ses opérations
est la forme de cette chose, à laquelle l'opération est
attribuée... Et la raison de cela est qu'aucun être n'agit,
si ce n'est en vertu de ce par quoi il est en acte.

« Il est donc évident que ce qui fait avant tout que le
corps est vivant, c'est l'âme. Et comme la vie se manifeste par les diverses opérations propres aux différents
degrés des êtres vivants, ce qui nous fait accomplir
chacune de ces opérations de la vie, c'est l'âme. Car
l'âme est « la première cause en nous de la nutrition, de

la sensation et du mouvement local ; elle est aussi le premier principe de notre intelligence ».

« Donc, le principe par lequel nous sommes des êtres intelligents, est la forme de notre corps, qu'on l'appelle intellect ou âme intellective. Et c'est là une démonstration donnée par Aristote (*De Anima*, liv. II, texte 24). Si quelqu'un prétend que l'âme intellective n'est pas la forme du corps, il devra démontrer comment sans cela l'action qui consiste à connaître est l'action propre d'un homme. Nous sentons, en effet, par notre expérience, que nous sommes cet être même qui connaît..... le même homme se rend compte de son intelligence et de ses sensations. Or il ne peut sentir qu'au moyen du corps, donc le corps est une partie constitutive de l'homme. D'où il résulte que l'intellect par lequel Socrate comprend est une partie de Socrate, et que, par conséquent, l'intellect se trouve de quelque façon uni au corps de ce même Socrate (1). »

« L'âme humaine cependant n'est pas une forme, en quelque sorte plongée dans la matière corporelle ou bien totalement embrassée par cette matière, ce à quoi se refuse sa perfection. Et voilà pourquoi rien n'empêche que quelqu'une de ses puissances soit indépendante du corps, quoique l'âme, selon son être tout entier, soit la forme du corps (2). »

Un peu plus loin, saint Thomas prouve qu'il n'y a pas dans l'homme d'autre âme que l'âme intellective : « Si l'âme est unie au corps comme sa forme, il devient absolument impossible d'admettre qu'il y ait plusieurs âmes dans un même corps. C'est ce qu'on peut montrer

(1) Pars I, quest. 76, art. ı.
(2) Pars I, quest. 76, art. ı.

par trois raisons principales..... Un être, en effet, n'est un que par l'unité de la forme qui lui donne également son être, puisqu'une chose reçoit toujours du même principe son être et son unité..... Si donc l'homme tenait d'une forme sa qualité d'être vivant, à savoir de l'âme végétative; d'une autre forme sa qualité d'animal, à savoir de l'âme sensitive; d'une troisième, enfin, l'âme intellective, sa qualité d'homme, il s'ensuivrait que l'homme ne serait plus un être simplement un. C'est le raisonnement d'Aristote contre Platon... Et voilà pourquoi dans le livre (*De Anima, I*), s'adressant à ceux qui admettent différentes âmes dans un même corps, il leur demande quel est le sujet qui contient ces âmes, c'est-à-dire, quel est le sujet qui de toutes ces âmes fait un être un... En second lieu, il faut que ce soit en vertu de la même forme qu'un être soit à la fois animal et homme, car sans cela l'homme ne serait pas réellement le même être que l'animal, de telle sorte que l'idée d'animal ne serait pas renfermée dans celle d'homme. Cette impossibilité ressort enfin de ce qu'une opération de l'âme, quand elle acquiert un certain degré d'intensité, empêche une autre opération. Ce qui ne saurait s'expliquer si le principe de ces opérations n'était pas essentiellement un. Reste donc qu'il n'y a qu'une seule âme dans l'homme, et que cette âme est en même temps nutritive, sensitive et intellective (1). »

Voilà qui est parfaitement clair et décisif. Mais aussitôt après ces déclarations si nettes, expliquant dans le même article un passage, où Aristote dit que l'embryon est animal avant d'être homme, saint Thomas ajoute : « L'embryon possède d'abord une âme purement sensi-

(1) Pars I, q. 76, art. iii.

« tive, laquelle disparaît pour faire place à une âme
« plus parfaite, sensitive à la fois et intellective, comme
« nous le montrerons plus tard (1). »

Nous n'avons noté ici l'apparente contradiction que
pour mémoire et pour faire entendre qu'il est inadmis-
sible que saint Thomas, à quelques lignes d'intervalle,
se contredise sans s'en apercevoir. Il y a là une théorie
parfaitement voulue que nous exposerons en son temps.

Mais poursuivons.

Il s'agit maintenant de savoir « s'il y a dans l'homme
une forme autre que la forme intellective (2). »

Voici la réponse : « Si l'âme intellective est unie au
corps comme sa forme substantielle, ainsi que nous
l'avons déjà démontré, il est impossible qu'on trouve
dans l'homme une autre forme substantielle que l'âme.
Pour mettre cette vérité dans tout son jour, il faut considérer que la forme substantielle diffère de la forme
accidentelle en ce que cette dernière ne donne pas l'être
purement et simplement, mais bien telle sorte d'être. Si
donc il se trouvait qu'indépendamment de l'âme intellective, il préexistât dans la matière une autre forme substantielle quelconque par laquelle le sujet de l'âme fût un
être en acte, il s'ensuivrait que l'âme ne donnerait pas
l'être absolument ; que, dès lors, l'âme ne serait pas une
forme substantielle, et, ultérieurement, que la présence
de l'âme ne constituerait pas une génération véritable,
ni sa disparition une corruption absolue, mais seulement une corruption relative. Il faut donc en revenir
à dire qu'il n'y a dans l'homme aucune forme substantielle autre que l'âme intellective, et que cette âme,

(1) Pars I, q. 76, art. iii.
(2) Iª Pars, q. 76, art. iv.

qui contient virtuellement l'âme sensitive et l'âme nutritive, contient aussi virtuellement toutes les formes inférieures et fait par elle-même ce que ces formes font dans les autres sujets. Cela doit se dire également de l'âme sensitive dans les animaux privés de raison, de l'âme nutritive dans les plantes et universellement des formes les plus parfaites par rapport aux formes inférieures (1)... »

Quand on dit, avec Aristote, que l'âme est l'acte premier d'un corps naturel organisé, on entend que c'est par l'âme que ce corps est un corps humain, un corps organisé et possédant la vie en puissance », c'est-à-dire capable d'exercer l'acte second ou les opérations vitales.

Il serait superflu de rapporter la multitude de propositions dans lesquelles saint Thomas affirme la même doctrine ; ce qu'il a dit dans tous ses traités antérieurs, il le répète, sous une forme plus parfaite, dans la *Somme théologique ;* nous sommes donc certains de ne pas errer en puisant dans ce trésor les preuves d'une théorie dont la lucidité paraît dissiper toutes les ténèbres.

§ II. — 2º Réponse de saint Thomas.

Il faut bien croire pourtant que la clarté n'est pas complète, puisque la discussion est toujours ouverte, et que saint Thomas lui-même a donné des armes aux partisans de la succession des âmes dans l'homme.

En effet, selon sa promesse mentionnée plus haut, le Docteur angélique tente d'établir que l'âme sensitive est transmise dans la génération. (*De la propagation humaine quant à l'âme,* 1ʳᵉ Partie, q. 118.)

(1) I Pars. quest. 76, art. IV.

Les raisons sont faibles, il faut l'avouer. Saint Thomas semble oublier qu'il s'agit de l'âme humaine, comme le porte le titre de la question, et il raisonne à propos de l'âme des animaux.

« Si ces âmes », dit-il, « étaient subsistantes, on pourrait dire qu'elles sont créées ; mais cette hypothèse pèche par la base. Il a été démontré (Quest. 75) qu'elles ne possèdent pas l'être par elles-mêmes, « on dit qu'elles sont, uniquement parce que les êtres composés sont par elles ». Donc, n'étant pas créées, elles sont produites dans la génération (1). »

De l'homme et de l'âme humaine, pas un mot ; d'où il ressort ou que saint Thomas n'a pas traité la question, ou qu'il admet dans l'homme une première âme sensitive distincte de l'âme raisonnable qui, plus tard, prendra sa place. Il faut s'en tenir à ce dernier point ; nous le verrons bientôt.

L'article ii de la même question est consacré à établir que l'âme raisonnable n'est pas produite par la génération. « Il est impossible », dit magistralement le saint Docteur, « que la vertu active renfermée dans la matière aille jusqu'à produire un effet immatériel. Or, il est manifeste que le principe intellectif dans l'homme est un principe qui dépasse la matière, puisqu'il a une opération à laquelle la matière ne participe pas. Et voilà pourquoi la vertu générative est incapable de produire un principe intellectif (2). »

L'âme humaine étant une chose subsistante et ne pouvant venir ni de l'âme des générateurs, qui est indivisible, ni de la matière, qui est inférieure, doit être créée.

(1) I Pars. q. 118, art. i.
(2) I Pars. q. 118, art. ii.

Il faut, ajoute saint Thomas, « que l'âme préexiste dans l'embryon, nutritive d'abord, puis sensitive et enfin intellective (1). »

Mais alors, conclura-t-on, c'est précisément ce que nous soutenons, et saint Thomas est en parfait accord avec les partisans de l'animation immédiate par l'âme raisonnable, développant successivement ses facultés.

Point du tout, ce n'est pas là sa pensée.

Car cette phrase si claire peut être expliquée de bien des façons. « Il en est », dit-il, « qui prétendent qu'à l'âme végétative, la première inhérente à l'être humain, est ajoutée une autre âme, à savoir l'âme sensitive ; qu'à celle-ci en est ajoutée une troisième qui est l'âme intellective, et qu'ainsi, dans l'homme, il y a trois âmes dont chacune est en puissance par rapport aux autres. Or, c'est là une erreur qui a été réfutée (2). »

Manifestement, ici saint Thomas parle de ceux qui veulent trois âmes coexistantes et qui détruisent ainsi l'union substantielle pour y substituer une union purement accidentelle ; trois âmes feraient trois êtres.

Il réfute de même, plus loin, ceux qui disent : « C'est la même âme qui, végétative d'abord, devient sensitive ensuite, par un effet de la vertu génératrice, mais en demeurant toujours la même âme, laquelle, tout en conservant son identité, est élevée ensuite à la dignité d'âme intellective, non certes par l'effet de la vertu générative, mais par la puissance d'un agent supérieur, qui est Dieu même, l'illuminant ainsi d'un rayon d'en haut. C'est ce qui a fait dire au Philosophe que l'intellect vient du

(1) I Pars. q. 118, art. ii.
(2) *Ibid.*

dehors. Mais cette explication ne peut pas même subsister (1). »

Et saint Thomas le prouve.

Donc, ni la coexistence des âmes, ni l'évolution d'une seule âme n'étant possibles, quelle sera finalement l'explication du texte précité? La voici :

« La génération d'un être n'ayant jamais lieu que par
« l'altération d'un autre; il faut nécessairement admettre,
« tant dans l'homme que dans les autres animaux, qu'une
« première forme est détruite quand est produite une
« forme plus parfaite, de telle sorte, néanmoins, que
« celle-ci conserve toutes les propriétés de l'autre, et au
« delà. C'est ainsi que, par une série de générations et
« d'altérations, l'être arrive à sa dernière forme substan-
« tielle, soit dans l'homme, soit dans les autres ani-
« maux. C'est ce qui frappe même les sens dans les ani-
« maux qui naissent de la putréfaction. Disons, par con
« séquent, que l'âme intellective est créée par Dieu
« comme terme de la génération humaine, et que cette
« âme, se substituant aux formes préexistantes, est sen-
« sitive et nutritive, en même temps qu'intellective......
« Rien n'empêche que la formation du corps ne soit
« l'effet d'une vertu corporelle, tandis que l'âme intel-
« lective vient uniquement de Dieu (2)... »

N'est-ce pas le résumé de ce que nous lisons dans la *Somme contre les Gentils* (Liv. II, cap. 89) : « Le nombre des formes intermédiaires qui préparent graduellement la forme dernière et, par conséquent, le nombre des générations moyennes, est en proportion de la noblesse de cette forme et de la distance qui la sépare de la forme

(1) I Pars. q. 118, art. ii, *ad 2 ter.*
(2) I Pars. q. 118, art. ii.

élémentaire. C'est pourquoi, lorsque la génération a pour terme l'animal et l'homme, dont la forme est la plus parfaite, il y a beaucoup de formes ou générations intermédiaires, et, conséquemment, de corruptions, puisque la forme actuelle n'est produite que par la destruction de la précédente. Donc l'âme végétative, qui donne d'abord à l'embryon la vie de la plante, est détruite après quelque temps et fait place à une âme plus parfaite qui est tout à la fois nutritive et sensitive. L'embryon vit alors de la vie animale, et lorsque cette seconde âme est détruite à son tour, elle est remplacée par une âme raisonnable qui vient du dehors, bien que les deux autres aient existé en vertu d'un principe actif inhérent au sperme (1). »

Les mêmes idées sont énoncées, et aussi nettement, dans les *Qq. Dispp. — De Potent,* ad 9 :

« *Primo inducitur anima vegetabilis, deinde eâ abjectâ, inducitur anima sensibilis et vegetabilis simul; quâ abjectâ inducitur non per virtutem prædictam (nempe virtutem formativam quæ à principio est in semine), sed à creante, animâ, quæ simul est rationalis, sensibilis et vegetabilis. Et sic embryo antequam habeat animam rationalem vivit et habet animam, quâ abjecta, inducitur anima rationalis* (2). »

Ce sont là des paroles qui ne peuvent laisser aucun doute. Saint Thomas a admis la succession des âmes. Mais alors, comment expliquer ce qu'il nous a prouvé si bien dans la question 76 — : l'unité de l'âme, l'unité du principe intellectif, l'âme raisonnable forme substantielle du corps humain, et ne pouvant venir de la génération ?

---

(1) *Sum. contra Gent.*, II, c. 89.
(2) *Qq. Dispp. — De Potent.* ad 9.

Nul ne saurait prétendre que le puissant esprit du Docteur angélique, à quelques lignes d'intervalle, se soit contredit sciemment sur un sujet si grave. Aurait-il formulé, sans s'en apercevoir, des thèses diamétralement opposées? Pour quiconque a fréquenté, si peu que ce soit, le Maître, la réponse n'est pas douteuse. Saint Thomas sait ce qu'il veut dire, et l'ayant dit, il en tire les conséquences logiques. Il se place donc, à notre avis, à un double point de vue, il étudie la question de l'information du corps humain dans deux phases distinctes.

Dans le premier cas, c'est une question de fait. L'âme raisonnable étant la forme substantielle du corps humain, dans l'adulte, par exemple, elle est bien seule et sa perfection lui permet de remplir les fonctions des formes inférieures. Donc, en ce sens, tout ce qui est dit dans la question 76 est rigoureusement vrai.

C'est lorsqu'il aborde l'explication non plus d'une donnée, mais des origines de cette donnée, qu'il formule la théorie de la succession des âmes. Il ne se contredit pas, il se complète. Or, c'est précisément sur ce dernier point que nous l'abandonnons.

§ III. — Réfutation de Saint Thomas et preuves métaphysiques de l'animation immédiate par l'âme raisonnable.

Nous sommes d'autant plus à l'aise pour critiquer le saint Docteur, que nous nous servirons de principes admis par lui et que, le plus souvent, il nous suffira de retourner contre lui ses propres arguments.

Au point de vue métaphysique d'abord, nous déclarons impossible cette succession des âmes d'après la notion même de la forme substantielle.

7

Qu'est-ce donc qu'une forme substantielle ?

C'est, répond saint Thomas, d'accord en cela avec le Philosophe, c'est l'acte premier de la matière et pour ce qui est spécialement de l'âme, c'est, comme on l'a vu, l'acte premier d'un corps naturel organisé ayant la vie en puissance. Par conséquent, la force qui, de prime abord, constitue un être dans son essence, qui en fait une substance spéciale, qui, d'une matière indifférente à être une chose plutôt qu'une autre, fait un sujet parfaitement caractérisé par des propriétés déterminées ; l'activité qui fait cela est bien ce qu'on appelle forme substantielle. Et si, dans le cas présent, c'est l'âme raisonnable qui est la forme substantielle du corps, c'est l'âme raisonnable qui doit en constituer l'être qui a désormais la vie en puissance, c'est-à-dire, l'aptitude aux opérations vitales. Or, de deux choses l'une, ou vous faites arriver l'âme raisonnable du dehors dans un corps déjà vivant, et alors il ne tient pas d'elle cette propriété essentielle ; par suite, vous ne sauriez dire que l'âme raisonnable est la forme substantielle d'un corps qu'elle n'a actué en aucune façon. Ou bien vous dites que l'âme raisonnable est la forme substantielle du corps, son principe et sa cause, comme dit Aristote, ἀρχὴ καὶ αἰτία, que sans elle il n'est pas corps humain, ni même vivant. Et alors il faut que, dès le principe de la fécondation, c'est-à-dire, dès que les conditions exigées pour cela sont réalisées, l'âme soit présente et préside à la formation du corps vivant par elle et pour elle.

Et que ce soit l'âme raisonnable qui remplisse ce rôle, on n'en saurait douter, puisque, par définition et par démonstration, nous l'avons vu, elle a été reconnue comme la forme substantielle du corps humain.

Il va de soi que ce n'est pas en tant que raisonnable qu'elle organise et anime le corps, mais en tant que possédant des facultés végétatives et sensitives.

Le dilemme est-il absolu? Oui, car l'unique échappatoire est sans issue.

En effet, pourrait-on dire, puisque c'est l'âme végétative et l'âme sensitive qui organisent et vivifient en premier lieu le corps humain sans le secours ni la présence de l'âme raisonnable, nous avouons qu'en ce sens, celle-ci n'est pas la forme substantielle du corps humain à l'origine; mais au moment de l'expulsion de l'âme sensitive, elle devient par sa perfection même, qui renferme les perfections inférieures, la forme substantielle définitive du corps humain. C'est l'expérience qui le démontre et la chose est indéniable dans l'adulte.

Donc: 1° dans l'adulte l'âme raisonnable est bien l'unique forme substantielle du corps;

2° A l'origine, elle ne l'est pas.

S'il en est ainsi, vous n'expliquerez jamais l'union substantielle de l'âme et du corps, c'est-à-dire, cette union de deux substances dont l'une tient son être et sa perfection de l'autre; vous n'aurez jamais qu'une union accidentelle, autrement dit, l'union de deux substances, dont l'une ne tient de l'autre ni être, ni perfection. Et, en effet, vous mettez l'âme, selon le mot du P. Liberatore, comme l'hôte dans l'hôtellerie. Or, nous ne pensons pas que de l'existence de l'hôte dépende l'existence de l'hôtellerie et réciproquement. Donc, si l'âme raisonnable n'est pas dès le commencement forme substantielle du corps humain, elle ne le sera jamais.

Mais ce n'est pas la seule difficulté que présente la thèse thomiste.

C'est bien vite dit, que l'âme végétative, après un certain temps, laisse la place à l'âme sensitive, et celle-ci, expulsée à son tour, *eâ abjectâ*, à l'âme raisonnable.

Ce qu'il faudrait connaître, ce sont les motifs de cette expulsion. Ces motifs sont exposés, nous l'avons vu, dans la q. 118, art. ɪɪ, ad. 2.

« La génération d'un être n'ayant jamais lieu que par l'altération d'un autre », nous dit saint Thomas, « il faut nécessairement admettre, tant dans l'homme que dans les autres animaux, qu'une première forme est détruite quand est produite une forme plus parfaite, de telle sorte, néanmoins, que celle-ci conserve toutes les propriétés de l'autre et au-delà. »

Jusque-là, nous ne voyons rien à reprendre. On dit qu'il y a, en effet, un être nouveau, quand les êtres composants ont perdu leurs propriétés essentielles pour en prendre d'autres. L'eau est autre chose que l'oxygène et l'hydrogène, le végétal vit aux dépens du minéral, qu'il absorbe ; il y a bien des formes détruites, ou mieux, renvoyées à l'état de puissance, quand une forme supérieure vient les dominer et les faire entrer dans la composition d'un nouvel être. Et que nous prenions l'animal ou l'homme, nous constaterons aisément que leurs corps sont construits de ces éléments transformés, dont l'activité propre, perdue dans l'activité totale, est dépensée à son profit, jusqu'à ce que la mort intervienne.

Voilà ce qui est vrai. Nous trouvons des formes élémentaires détruites, au moins d'une certaine façon, quand est produite une forme plus parfaite.

Est-ce le cas dans la génération humaine ?

Oui, s'il s'agit de la production des spermes et des ovules. Ces éléments nécessaires à la fécondation, élaborés par la faculté générative du vivant, sont des êtres à part, ayant des propriétés distinctes, et destinés à la reproduction d'individus perfectionnés ; ils ont une vertu, que beaucoup d'autres éléments réalisés par des êtres inférieurs ne possèdent pas. En eux, on peut le dire, il y a une forme plus parfaite que dans les autres. Et peut-être les éléments qui les composent ont-ils dû subir des modifications plus délicates et plus complexes. En tout cas, ces éléments primitifs se sont effacés pour constituer quelque chose qui s'est servi d'eux, mais qui n'est plus eux. *Corruptio unius est generatio alterius.*

Nous concéderons encore qu'après la fécondation, il n'y a plus ni sperme ni ovule, mais un nouvel être, et nous disons que, déjà, l'âme raisonnable est présente pour façonner ce corps, l'organiser, lui donner l'être, comme il convient à l'activité d'une forme substantielle. Saint Thomas prétend, au contraire, qu'aussitôt après la fécondation, il n'y a qu'une âme végétative. Or, s'il n'y a qu'une âme végétative, il n'y a rien de plus que dans l'ovule et dans le sperme, en possession déjà de cette vie. De sorte que la forme, réalisée au moment de la fécondation, ne remplit pas la condition posée par la théorie, à savoir qu'elle « doit conserver les propriétés de l'autre forme inférieure, et au delà. »

Au bout d'un certain temps, cette âme végétative est expulsée. Pourquoi ?

Sera-ce « parce qu'une première forme est détruite quand est produite une forme plus parfaite » ? Mais rien n'est détruit dans le cas présent, car le nouvel être, ne cessant pas de vivre, ne perd pas sa forme végétative. On juge à propos de remplace ce principe vital par un autre qui est en mê même temps sensi le. Mais, ou bien il y a succession des deux principes et alors un instant où l'être ne vit plus, ce qui est contraire à toute physiologie ; ou bien coexistence de deux âmes, ce qui est antiphilosophique et combattu par saint Thomas lui même.

De même qu'il n'y a aucune raison d'expulser l'âme végétative d'un être qui tient d'elle son commencement et qui doit conserver sa propriété vitale, toujours sous peine de périr, de même on ne perçoit aucune cause de l'introduction d'une âme sensitive à un moment plutôt qu'à un autre.

Point de cause intrinsèque, puisque l'âme sensitive n'est pas le développement de l'âme végétative ; point de cause extrinsèque, car cette âme n'est pas créée de l'aveu même des thomistes, et les parents n'interviennent pas une seconde fois pour procurer une âme sensitive à un être qui est déjà, en quelque sorte, détaché et indépendant d'eux-mêmes.

Alors d'où vient-elle ?

Ce n'est pas saint Thomas qui peut répondre. C'est Aristote qui, parlant de l'embryon, dit : « Il doit avoir une existence à part et par lui-même, comme doit se suffire un enfant mis par son père hors de la maison. Il faut, par conséquent, qu'il possède dès lors le principe d'où sort plus tard, pour les êtres vivants, l'organisation régulière de leur corps, car si ce principe devait lui venir du dehors pour entrer dans l'embryon à une époque postérieure, non seulement on aurait à se demander à quel moment ce principe pourrait survenir, mais on peut affirmer qu'il y a nécessité qu'il existe préalablement..... (1). »

(1) *De Gener. anim.* L. II, c. iv, 739, 45-54.

Ce raisonnement du Stagirite peut se répéter à propos de l'âme raisonnable, car les objections, que soulève son introduction à un certain moment, sont les mêmes, avec cette différence toutefois que Dieu intervient.

Pourquoi chasser l'âme sensitive? Ce n'est pas parce que le corps cessera d'avoir cette propriété. On ne peut dire autre chose que ceci : « Nous la chassons pour la remplacer. » Mais alors pourquoi la remplacer?

Le « *corruptio unius est generatio alterius* » ne s'applique pas ici. Vous avez un sujet parfaitement sensitif et qui ne peut cesser de l'être sans n'être plus ; Dieu intervient sans doute pour créer l'âme raisonnable. Mais Dieu lui-même ne fait pas de choses pour le moins inutiles. Or, la coexistence de l'âme raisonnable et de l'âme sensitive étant impossible, d'autre part la succession sans raison et dangereuse pour le sujet, il reste que Dieu, sans multiplier les miracles, crée, dès l'origine, dès la fécondation, une âme capable de faire, tout de suite et pour toujours, ce que d'autres principes ne font que pour un temps, sans qu'on puisse déterminer l'instant de leur disparition.

Car c'est là un grave problème.

Où iraient-elles ces âmes? Nous avons bien appris, dans saint Thomas, que les âmes des plantes et des bêtes sont corruptibles par accident, ce qui veut dire en bon français que, si on désagrège ou plutôt si on détruit les conditions matérielles de leur activité, elles n'ont plus de raison d'être. Voici une plante, je la brûle ; voici un animal, je le tue ; comme les formes de ces êtres n'avaient de conditions d'existence que dans la matière, je leur soustrais en quelque sorte cette matière, elles disparaissent. Où et comment? Ce n'est pas le lieu de traiter ce difficile sujet (1), mais ce que nous en voulons retenir, c'est que, si saint Thomas fait disparaître l'âme végétative, puis l'âme sensitive de l'embryon humain, non seulement aucune des conditions requises pour cette corruption accidentelle n'est réalisée, mais, au contraire, ces deux âmes, au moment de l'expulsion, se trouveraient dans des conditions d'existence et d'activité des plus favorables.

C'est à la fin de la génération que l'âme raisonnable serait introduite, formule qui est et ne pouvait être que très vague. En effet, cette création peut être avancée à un point tel qu'on se demandera pourquoi ne pas la poser dès le premier instant de la fécondation.

S'il ne faut que d'infimes rudiments d'organes (2), et c'est bien là ce que paraît exiger le Docteur angélique, il suffit de quelques jours pour les discerner, et, dans ce misérable état, on met l'âme raisonnable en demeure d'achever la construction ou, mieux, de faire en entier ce qui n'est qu'ébauché.

(1) C'est là, en effet, un des plus difficiles problèmes de la philosophie. Plusieurs choses sont certaines : 1o la simplicité de l'âme animale ; 2o son incorruptibilité intrinsèque ; 3o son incapacité d'exercer aucune opération en dehors de la matière.

Peut-on, de ces données, conclure à l'immortalité ? Non, car cette âme n'est pas spirituelle. Mais, d'autre part, supérieure à la matière, autant qu'un principe actif est supérieur à un principe passif, aura t-elle, par la mort de l'animal, une destinée pire que celle de la matière ? Celle-ci subsiste, sous une autre forme il est vrai, mais elle n'est pas anéantie.

Il faut donc écarter de l'âme des bêtes à la fois l'anéantissement et l'immortalité, il reste qu'elle participe à la pérennité de la matière — sous quelle forme ? et dans quelles conditions ? — *Adhuc sub judice lis est.*

(2) Mathias Duval, dans un embryon de poulet, à la fin du second jour de l'incubation, distingue déjà les trois vésicules cérébrales : la vésicule oculaire, la vésicule auditive, une protovertèbre. *Cours de Physiologie,* 8e édit., p. 697.

D'autre part, si on veut que l'hôtellerie soit parfaitement organisée pour recevoir l'hôte, — comme à l'instant de la naissance, il s'en faut qu'il en soit ainsi, — pourquoi ne pas reculer jusqu'aux extrêmes limites l'infusion de l'âme humaine ?

Qui a jamais prétendu que l'enfant venant au monde n'a pas d'âme raisonnable ? Cependant fait-il usage de sa raison ? Non certes. On peut donc avoir des facultés sans les exercer. Et si on est obligé d'avouer qu'il en est ainsi pour la raison, pourquoi n'en pas dire autant de la sensibilité ?

Cela sauvegarderait l'unité de l'âme, une dans son essence et multiple dans des facultés qu'elle exerce successivement. Aussitôt après la fécondation, on a un être dont les propriétés spécifiques sont différentes de celles de l'ovule et du sperme. C'est donc un nouvel être.

Pourquoi ne pas dire que c'est déjà l'être humain ? D'abord, il est scientifiquement démontré, nous l'avons vu, que jamais, un seul instant, l'homme n'est un pur végétal ou un être n'ayant que la vie végétative. Saint Thomas nous dit bien que « la génération d'un être n'ayant jamais lieu que par l'altération d'un autre, il faut nécessairement admettre, tant dans l'homme que dans les autres animaux, qu'une première forme est détruite quand est produite une forme plus parfaite, de telle sorte néanmoins que celle-ci possède toutes les propriétés de l'autre, et au delà (1). »

C'est très-vrai, et nous admettons que les formes substantielles du sperme et de l'ovule disparaissant, nous

(1) I, q. 118, art. 2.

avons une forme plus parfaite qui est celle du nouvel animal (1).

Mais faut-il suivre le Docteur angélique jusqu'au bout, quand il affirme que « le nombre des formes intermé-« diaires qui préparent graduellement la forme der-« nière, et, par conséquent, le nombre des générations « moyennes est en proportion de la noblesse de cette « forme et de la distance qui la sépare de la forme élé-« mentaire. C'est pourquoi lorsque la génération a pour « terme l'animal et l'homme dont la forme est la plus « parfaite, il y a beaucoup de formes ou générations « intermédiaires (2) ». C'est précisément ce qu'il fau-drait démontrer. Or, on ne démontrera jamais que ceci : la subordination du minéral au végétal, du végétal à l'animal et de l'animal à l'homme. L'homme, par consé-quent, est bien un microcosme, un résumé de tout ; en lui se trouvent comprimées, à l'état de puissance, les énergies élémentaires qui entrent dans sa composition. Mais, d'autre part, c'est l'homme qui engendre l'homme,

(1) « Les deux *pronucleus*, mâle et femelle, vont au contact l'un de l'autre et se fusionnent intimement, de sorte que, en appa-rence, il n'y a plus rien de distinct qui appartienne à l'un ou à l'autre des deux éléments, et cependant l'organisme qui va résulter de cette conjugaison ressemblera tantôt au père, tantôt à la mère, et pourra hériter des vices de conformation physique ou psychique de l'un ou de l'autre. » (Beaunis et Bouchard, *Anat. descriptive*, 5e éd., page 975.)

Dans Mathias Duval (*Cours de Physiologie*, 8e édit., page 675), on peut encore lire ce passage :

« Les deux *pronucleus* se fusionnent ; il se fait une véritable conjonction..... il arrive un moment où toute trace de séparation entre les deux noyaux a disparu. La fusion achevée, il n'existe plus qu'un seul noyau rond dont le volume semble correspondre à la somme des deux noyaux réunis. C'est le noyau vitellin, le véritable noyau de l'œuf, celui qui va présider à l'évolution du nouvel être. »

(2) I, q. 118, art. 2.

ou qui, du moins, pose les conditions nécessaires à son développement. S'il ne se trouvait alors que des matières minérales, qui leur donnerait la vie ? On convient qu'il n'engendre pas un minéral. S'il fait une plante, en vertu de quoi deviendra-t-elle animal ? S'il produit un animal, comment expliquer la succession des formes, puisque la coexistence est impossible ?

Il faut donc qu'il produise un homme, et si le travail de la construction humaine suit une direction d'ailleurs incontestable, ce n'est ni celle des parents qui ont posé un acte d'un instant, ni celle d'une activité incapable de mener à terme l'œuvre entreprise, ni celle d'une forme absente, ce qui serait absurde.

Il reste que ce soit Dieu ou l'âme créée par lui dès la fécondation. Mais ce n'est pas Dieu, s'il existe une cause seconde suffisante. Or, cette cause seconde suffisante, c'est l'âme raisonnable, car, de l'aveu de tous, elle est capable d'exercer les opérations végétatives et sensitives.

Donc, dès le premier instant de la conception, il y a un être humain, et les formes intermédiaires, dont parle saint Thomas, sont de pures formes accidentelles d'un être qui n'est jamais le sujet auquel les lois de son développement le font ressembler. Dans son évolution, la force qui le dirige est si présente et si déterminée à un but unique, que toute tentative pour arrêter l'être au passage et le fixer dans une forme intermédiaire ne produira jamais qu'un monstre ou un cadavre.

CHAPITRE VIII.

Résumé et Conclusion.

Il est donc démontré, contre le traducianisme, que l'âme des enfants ne vient pas des parents et, contre l'émanatisme, qu'elle n'est pas le produit de la substance divine. On a établi que le transformisme et l'évolution ne sont que des hypothèses. Quant au vitalisme, il ne saurait résister aux preuves apportées en faveur de l'unité de l'âme et de son identité avec le principe vital. Il n'est pas nécessaire d'insister. Si l'on demande où en est aujourd'hui la question, il nous est facile de répondre qu'elle n'a guère avancé. Les partisans de l'animation immédiate sont peut-être plus nombreux; mais les adversaires de cette opinion comptent d'illustres champions.

On ne peut que reprocher aux uns et aux autres d'avoir trop mélangé en cette affaire la philosophie et la théologie. Le R. P. Eschbach, dans ses *Disputationes Physiologico-Theologicæ* (1), apporte de sérieux arguments, mais, comme l'indique le titre de son ouvrage, ils sont exclusivement théologiques. Il est partisan résolu de l'animation immédiate.

Dans le camp opposé, Mgr Lorenzelli, reprenant la thèse thomiste, l'adopte tout entière. Point d'arguments nouveaux : Toute âme requiert une organisation proportionnée à sa nature, donc l'âme raisonnable ne peut être

(1) Rome, 1901, Desclée.

reçue dans le protoplasma spermatique, qui n'est pas organisé pour cela, donc les âmes raisonnables sont créées et infusées dans les corps, lorsque ceux-ci sont parvenus à une parfaite organisation cérébrale : « *Cum hæc ad perfectam cerebri organisationem pervenerint* (1). »

Qu'était donc l'embryon avant cette infusion ? On répond : Un homme en puissance. Veut-on dire un être capable d'exercer les opérations sensibles et raisonnables, mais qui ne les exerce pas encore? Nous n'avons jamais prétendu le contraire. Mais Mgr Lorenzelli s'explique. Cet embryon n'est pas un homme actuellement : il le deviendra quand il aura un cerveau. Quand l'hôtellerie sera prête, on y mettra l'hôte ; et le docte professeur s'insurge contre ceux qui pensent concevoir un homme sans cœur, sans poitrine, sans cervelle et sans tête. « *Quis intelligere poterit hominem actu, sine corde actu, sine thorace actu, sine cerebro et sine capite actu* (2). »

On a vu ce qu'il faut penser de cette théorie, dans laquelle l'âme raisonnable ne serait pas la forme substantielle du corps humain dans sa formation, mais le deviendrait quand le corps serait bâti, et que les âmes précédentes céderaient la place.

Nous répondrons seulement que si, par impossible, un homme naissait sans tête et sans cervelle, c'est que, dans ce cas, l'âme raisonnable, empêchée d'exercer des opérations plus relevées, ne remplirait que les fonctions vitales, et voilà tout; mais elle n'en serait pas moins présente. On nous dit : il n'y a pas de cerveau, donc pas d'âme raisonnable. Nous répliquons : il y a la vie qui fait le cerveau et qui est une des facultés de l'âme raison-

---

(1) *Philosophia Theoretica*, tome II, p. 437.
(2) *Philosophia*, vol. II, p. 445.

nable. Pourquoi ne serait-elle pas présente, bien que privée des conditions nécessaires à son activité complète? Mais ce serait nous répéter, et nous ne suivrons pas Mgr Lorenzelli sur ce terrain et dans sa discussion, car, le plus souvent, nous sortirions du champ de la philosophie pour entrer dans le domaine de la théologie.

Ainsi il concède que, par un miracle, l'âme raisonnable a informé le corps de Notre-Seigneur Jésus-Christ, et peut-être celui de la Vierge Marie, dès le premier instant. Plus loin, il maintient tout de même que, dans la bulle sur l'Immaculée Conception, Pie IX n'a point voulu trancher une question débattue, et successivement les textes des Pères, des Conciles, de la Sainte Ecriture sont exposés et discutés. Enfin, l'auteur assure que l'Eglise n'a rien voulu définir du tout en parlant de ces choses (p. 447). Alors pourquoi la faire intervenir? Ne serait-ce pas parce que ses décisions et l'ensemble de sa doctrine, comme l'a démontré le P. Eschbach, semblent supposer comme un fait acquis l'animation immédiate? D'ailleurs, la conclusion de Mgr Lorenzelli est moins d'un philosophe que d'un théologien: « *Manet ergo in sua soliditate sententia divi Thomæ, per quam non modo veritati consulitur, sed et solamen per argumenta scientifica offertur parentibus, si, dum ipsis invitis, infortunium abortus ante quartam aut saltem ante tertiam hebdomadam contingat, anxietatem circa salutem æternam animæ prolis patiantur* (1). »

A Dieu ne plaise que nous ne donnions pas à la théologie le premier rang. La vérité scientifique n'a rien à craindre du dogme ou de la morale, et réciproquement.

_____

(1) *Philosophia Theoretica*, vol. II, p. 448.

Mais à propos de cette conclusion du Philosophe italien, on pourrait répliquer : Vous consolez l'anxiété des parents en leur disant que l'embryon avorté n'est pas une créature humaine. Mais ne voyez-vous pas qu'en même temps vous donnez une prime au vice, vous dégradez la noblesse de l'acte procréateur, les sublimités et les responsabilités de la maternité. Vous supprimez les âmes que vous prétendez soustraire aux peines éternelles. Or, tandis que Dieu, dans sa miséricorde, saura bien comment il doit traiter ceux qu'un accident a empêchés d'arriver à la perfection de l'être et de l'activité, Il serait désarmé devant ceux qui tarissent ou empoisonnent les sources de la vie, parce que leur perversité ne serait pas sans excuse.

Ce n'est pas à nous qu'il convient de dicter des lois au Créateur. Mais si l'âme raisonnable est présente dès le premier instant de la fécondation, les lois de la procréation sont sacrées, et Dieu peut s'armer pour les protéger et en punir les violateurs. Ainsi, Il fait une plus grande œuvre qu'en consolant des parents inquiets à tort sur le sort d'un être qui n'était qu'un animal. Il y a plus d'intérêt à sauvegarder la dignité et la perpétuité de l'acte procréateur, qu'à procurer, au moyen d'une ingénieuse théorie, la paix à ceux qui gémissent sur des âmes dont la destinée est le secret de Dieu. Les lois divines et humaines sont ici d'accord pour affirmer, avec saint Jérôme, qu'empêcher de naître c'est faire mourir.

Pourquoi ces trente ou quarante jours nécessaires à l'apparition de l'âme raisonnable après la fécondation ? La science distingue, dans un fœtus de vingt-huit jours, tous les rudiments des sens. Arrivant à ce moment, l'âme raisonnable produira-t-elle autre chose que ce qui s'est

fait jusqu'à cette heure, c'est-à-dire les opération purement végétatives? Et rien ne prouve qu'il se perde plus
de fœtus dans le mois qui suit la conception, si les gros-
sesses ne deviennent certaines qu'après ce laps de temps.
Il y a ou il n'y a pas fécondation, et chaque rapprochement
sexuel ne produit pas inévitablement de résultat. Que
dire alors d'un fait qui, le plus souvent, échappe à l'expérience? Mais si, dès qu'il est constaté, il paraît difficile
d'en exclure l'âme raisonnable, on peut supposer la présence de celle-ci dès la fécondation, ou bien il faut en
prolonger l'absence jusqu'à la naissance.

Quant au reproche fait à notre théorie de favoriser
l'occasionalisme et de refuser aux humains ce que, dans
la génération, on accorde à la brute, nous répondrons
qu'en effet nous sommes occasionalistes, c'est-à-dire qu'à
l'occasion de la fécondation, opérée par l'union des principes mâle et femelle, Dieu intervient pour créer l'âme
humaine; mais on remarquera qu'il ne s'agit ici que d'une
question de temps, car, dès lors que la création est nécessaire, on demande simplement à l'occasion de quel fait
Dieu la produira. Les uns disent au moment même de la
fécondation, les autres un peu plus tard, par exemple à
l'occasion de la formation du cerveau par le principe
vital. Résulte-t-il de cela que l'homme soit dans une
condition inférieure à la condition de la brute?

En aucune façon, et ce n'est pas un mince pouvoir
accordé à l'homme que celui d'élaborer les principes de
la fécondation, et de les utiliser selon la nature et la
raison, pour inviter Dieu lui-même à concourir à une
œuvre que nulle force créée ne saurait enfanter. Non, ce
n'est pas diminuer l'homme que de lui donner le droit
d'appeler le Créateur à son aide, et d'en faire ainsi son

auxiliaire docile et puissant. Et l'on peut continuer de
dire que l'homme engendre l'homme, aussi bien parce
qu'il en produit les principes matériels, le sperme et
l'ovule, que par ce fait qu'en lui la génération est identique à celle des animaux sans raison. Mais tandis que,
d'une part, l'union sexuelle réalise une activité condi-
tionnée uniquement par la matière ou dans la matière,
d'autre part il faut la participation créatrice de Dieu,
puisqu'il est démontré que l'âme raisonnable ne peut
venir que de lui. Les anciens comparaient la vie à un
flambeau que l'on se passe de mains en mains; rien n'est
plus juste, et l'homme, dans l'œuvre de la génération,
comme tout vivant d'ailleurs, atteste qu'il ne meurt pas
tout entier. « Ses ascendants », dit M. Dastre (1),
« n'ont pas disparu tout entiers, puisqu'ils ont laissé
l'œuf fécondé, élément survivant d'où est sorti l'être que
nous avons en vue ; et quand celui-ci s'est développé,
une partie de cet œuf a été mise en réserve pour une
nouvelle génération (2) ».

(1) *La Vie et la Mort*, p. 334.
(2) Nous ne pouvons nous empêcher de rapprocher de ces
conceptions modernes la belle page d'Aristote déjà citée : « Pour
tout être vivant qui a atteint son développement normal, et qui
n'est pas incomplet ou dont la génération n'est pas spontanée, la
plus naturelle des fonctions est de réaliser un autre être semblable
à lui, l'animal un animal, et la plante une plante, afin de participer comme ils peuvent le faire à l'éternel et au divin..... Or ces
êtres naturels ne peuvent pas participer individuellement d'une
façon continue à l'éternel et au divin, parce qu'il n'est possible à
aucun des êtres périssables de persister dans son individualité et
son identité numérique; chacun d'eux y participe de la manière
dont il peut y avoir part, l'un davantage, l'autre moins, de sorte
qu'il subsiste non point identiquement lui-même, mais semblable
à lui-même, et non pas numériquement, mais *spécifiquement*. »
— (*De Anima*, II, c. iv, 415ᵃ, 26, — 415ᵇ, 1-6.) — Voir aussi
Metchnikoff : *Études sur la Nature humaine*, IIIᵉ partie, cap. xi,
p. 347.

En effet, c'est bien de l'œuf qu'est sorti ce vivant, et, remarque profonde, l'œuf que ce vivant produira à son tour n'est-il pas un fragment de l'œuf primitif sans lequel lui-même ne serait pas ? Et la vie se perpétue ainsi, au moyen de cette réserve naturelle, de ces œufs qui demeurent comme la graine, quand la plante n'est plus, ou comme les embryons dont une partie est déjà destinée à se survivre, si un jour elle est employée.

L'homme transmet ce qu'il a reçu en quelque sorte, et cela ne le différencie en rien de l'animal ou du vivant en général ; mais l'âme raisonnable, qu'il ne peut ni produire ni transmettre, Dieu la crée et, comme dit Tertullien, le corps engendré par l'homme devient la dot qu'elle s'attribue et fait magnifiquement valoir et prospérer.

A la lumière de ces principes, quelques-uns des grands problèmes de la philosophie s'éclairent. Si l'âme est la forme substantielle du corps, et s'il n'y a pas de motif pour qu'en soi une âme soit supérieure à une autre, la différence des intelligences ne pourrait venir que de la différence de conformation des corps humains. Tout est ordonné dans l'homme à l'épanouissement complet de la raison. Mais c'est par la porte des sens que toute connaissance doit passer d'abord. Or ces portes, pour quelques-uns, peuvent demeurer closes.

Pas d'intelligence pour l'homme sans les sens, et les sens ne sont rien sans la vie qui les anime. D'où il suit qu'il est d'un intérêt majeur que le corps humain soit bien constitué, surtout les organes des sens. Mais si, par la faute des parents, les germes sont viciés, si le sang que la mère doit fournir au nouvel être est corrompu, la formation sera nécessairement défectueuse.

Car l'âme est condamnée à façonner dans ce milieu les premiers instruments de son activité.

Le père et la mère ont donc un rôle sacré, et c'est pour ne pas l'avoir compris qu'ils mettent au jour des malheureux, dont les tares physiques sont une prédisposition aux défaillances intellectuelles et morales. On ne tire pas des sons mélodieux d'une lyre dont les cordes sont brisées, et l'âme ne saurait utiliser des éléments malsains. Les mystères de l'hérédité, considérés à ce point de vue, s'éclairent tristement. Les vices des parents sont transmis dans leurs conditions physiques. Les avaries intellectuelles se développent avec les avaries matérielles. C'est la loi commune. Il y a des exceptions, et le Philosophe cité par saint Thomas a dit que les hommes d'un corps délicat étaient ceux qui montraient le plus d'aptitudes pour les choses intellectuelles (1).

C'est vrai lorsque, malgré la débilité du corps, le système nerveux a conservé sa perfection ; mais par contre la solidité des muscles, et la grosseur des membres, n'est pas un indice d'intelligence, si les cellules nerveuses sont dépourvues de délicatesse, et le plus puissant des colosses, avec une lésion cérébrale, ne peut être qu'un fou ou un faible d'esprit.

C'est la fin des pouvoirs publics de protéger, dans la mesure de leurs forces, les sources de la vie en écartant d'elles ce qui peut les tarir ou les contaminer, et de protéger les mères pour leur éviter des fatigues nuisibles ou des brutalités sauvages ; il y va du salut de l'espèce. Mais les lois ne sont rien sans la conscience qui les accepte ; or tant que l'homme refusera de comprendre

(1) Pars I, q. 76, art. v. *Molles carne bene aptos mente videmus.*

son rôle dans l'acte de la procréation, tant qu'il ne songera qu'à la satisfaction de ses passions, en mettant le plaisir avant le devoir, la natalité diminuera en proportion de la corruption envahissante, et sur les ruines amoncelées, l'ignorance achèvera l'œuvre du crime.

Les lois sociales peuvent punir les délits publics. Mais ici il s'agit d'actes intimes qu'elles n'atteignent pas directement. C'est une question de morale, et il n'y a pas de morale sans religion ; la solution est là. Vainement on la chercherait ailleurs.

Cette modeste étude n'a eu pour but que d'apporter une contribution à l'étude de ces problèmes. Car la conclusion définitive s'impose.

Si l'âme humaine est présente dans le corps humain dès le premier instant de la fécondation, si elle le construit, toujours une malgré la multiplicité de ses facultés, toujours unique sous les variations du développement corporel, il s'ensuit que ce corps doit être traité avec un souverain respect. Mais ce respect doit remonter à sa source, et, sous les voiles de la chair, il faut remonter à la cause qui vivifie, à cette âme que le Stagirite ne se lasse pas d'évoquer comme cause et principe du corps vivant, ἔστι δὲ ἡ ψυχὴ τοῦ ζῶντος σώματος αἰτία καὶ ἀρχή (1) ; forme essentielle des corps animés, tous les corps naturels sont ses instruments, aussi bien ceux des plantes que ceux des animaux. Πάντα γὰρ τὰ φυσικὰ σώματα τῆς ψυχῆς ὄργανα, καὶ καθάπερ τὰ τῶν ζῴων, οὕτω καὶ τὰ τῶν φυτῶν (2). Et il faudrait citer en entier le chapitre v du livre III du Περὶ ψυχῆς, où Aristote, dans un langage dont la précision le dispute à la profondeur, affirme l'unité et la spiritualité de l'âme humaine,

(1) *De Anima*, II, c. IV, 415ᵇ, 18.
(2) *De Anima*, II, c. IV, 413ᵇ, 8.

en même temps que la multiplicité de ses fonctions.
« Puisque, dans l'ensemble de la nature, quelque chose
est la matière pour chaque genre, et qu'une autre chose
est cause et agent, puisqu'elle réalise l'être..... il est
nécessaire que ces différences se retrouvent aussi dans
l'âme elle-même. Et il y a un intellect qui est tel que la
matière, parce qu'il devient tout ; et l'autre, parce qu'il
réalise tout, est comme une habitude du même degré
que la lumière. Car, en un certain sens, la lumière, elle
aussi, fait devenir en acte des couleurs en puissance. Et
cet intellect est séparé, impassible et sans mélange,
étant essentiellement acte. Car l'agent a toujours une
dignité supérieure à celle du patient, et le principe une
dignité supérieure à celle de la matière..... Une fois
séparé, il est seulement ce qu'il est, et cela seul est
immatériel et éternel, tandis que l'intellect passible est
périssable, et que, sans lui, l'individu ne pense rien. »

Voilà bien affirmées deux fonctions de l'âme humaine,
l'une par laquelle elle se met en contact avec les choses
matérielles, au moyen des sens et de l'intellect passif,
appelé ainsi par le Philosophe, parce que sa fin est de
travailler sur la matière sensible et d'être déterminé par
elle à agir ; l'autre plus relevée, plus indépendante et qui
demeure lorsque la mort a fermé la voie des sens et, par
conséquent, enlevé sa raison d'être à l'activité qui ne
s'exerçait que sur leurs données. Mais c'est la même âme
qui donne la vie, la sensibilité et l'intelligence, c'est
l'âme raisonnable, forme substantielle du corps humain,
qui ne cesse point d'exister lorsque le corps cesse de
vivre, comme elle ne laissait pas que d'être présente à
sa formation, bien qu'elle ne pût encore faire œuvre
d'intelligence. Chose merveilleuse, c'est dans la fin de

l'être qu'elle se révèle ce qu'elle a toujours été : spirituelle, intelligente et libre, d'une part, puisque cela seul
demeure ; végétative et sensitive, d'autre part, puisque
là où elle n'est plus, on ne trouve ni la vie, ni la sensibilité.

Incapable d'exercer les facultés intellectuelles au
commencement, elle devient incapable de produire les
fonctions vitales et sensitives dans la mort. Mais elle
n'est point changée dans sa substance, elle n'a ni une
faculté en plus, ni une faculté en moins. Ce qui lui
manque, c'est ce qui lui était nécessaire, non pas pour
être, mais pour bien être. Séparée du corps, elle est
certainement dans un état inférieur et anormal, et si la
philosophie peut formuler un vœu, c'est qu'un jour cette
âme, rendue à un corps, recouvre son activité première
dans la perfection d'une substance complète, je veux
dire dans le composé humain.

FIN

TABLE DES MATIÈRES

~~~~~~~~~~

CHAPITRE Ier.

Théorie générale de la matière et de la forme.

CHAPITRE II.

La vie végétative.

CHAPITRE III.

Théorie sur les formes substantielles dites matérielles ou tirées de la puissance de la matière.

CHAPITRE IV.

L'âme animale.

CHAPITRE V.

Position de la question pour l'âme humaine.

CHAPITRE VI.

Réponse d'Aristote et de sa philosophie.

CHAPITRE VII.

Deux réponses de saint Thomas et critique.

§ Ier.

§ II.

§ III.

CHAPITRE VIII.

Résumé et conclusion de la thèse.

BIBLIOGRAPHIE

ARISTOTE. — Edition Didot.
— Edition Rodier, pour le *Traité de l'Ame*.
BEAUNIS et BOUCHARD. — *Anatomie descriptive* (5e édition). Baillière.
BERNARD (Claude). — *Science expérimentale* (3e édition), 1890.
*Introduction à l'étude de la Médecine expéri-
mentale, avec notes*, par le R. P. SERTIL-
LANGES. Levée, 1900.
BERTHELOT. — *Synthèse chimique* (8e édition). Alcan.
CROOKES (William). — *Revue Scientifique*, 22 août 1903.
DASTRE — *La Vie et la Mort*. Flammarion, 1903.
DUVAL (Mathias). — *Cours de Physiologie* (8e édition). Baillière, 1897.
DINOUART. — *Embryologie sacrée*, 1766 (2e édition).
ESCHBACH. — *Disputationes Physiologico-Theologicæ*. Rome, 1901.
Desclée.
GAUTIER (Armand). — *Revue générale des Sciences*, 30 juin 1902.
LE BON (Gustave). — *Revue Scientifique*, 17, 24, 31 octobre 1903.
LORENZELLI (Benedictus). — *Philosophia Theoretica*. Rome, 1895.
GRASSET. — *Les Limites de la Biologie*. Alcan, 1902.
MAREY. — *Revue Scientifique*, 10 janvier 1903.
MEUNIER (Stanislas). — *Revue Scientifique*, 19 décembre 1903.
METCHNIKOFF. — *Etudes sur la Nature humaine*. Masson, 1903.
PIAT (Clodius). — *Aristote*. Alcan, 1903.
Revue Philosophique, juin 1903.
SERTILLANGES. — *Notes sur l'introduction à l'étude de la Médecine
expérimentale*. Levée, Paris, 1900.
VIGNON. — *Recherche de cytologie générale sur les épithéliums* (thèse de
doctorat). Paris.
Saint THOMAS. — *Somme Théologique*.
— *Somme contre les Gentils*.
— *Questiones Disputatæ*.

VERSAILLES — IMPRIMERIE HENRY LEBON, 17, RUE HARDY.